叢書・ウニベルシタス　964

前キリスト教的直観

甦るギリシア

シモーヌ・ヴェイユ
今村純子 訳

法政大学出版局

Simone WEIL
INTUITIONS PRÉ-CHRÉTIENNES
First published by La Colombe, Éditions du Vieux Colombier, 1951

目次

凡例

◇本書は、*Intuitions pré-chrétiennes*, Paris, La Colombe, 1951（Fayard, 1985）の全訳である。現在刊行中の全集版では、『シモーヌ・ヴェイユ全集第四巻第二分冊　マルセイユ論文集――ギリシア・インド・オック』*Œuvres complètes de Simone Weil IV-2, Écrits de Marseille. Grèce-Inde-Occitanie (1941-1942)*, Paris, Gallimard, 2009, pp.147-300 に再録されている。本書では全集版は参考程度にとどめ、単行本を底本にしている。

◇『前キリスト教的直観』*Intuitions pré-chrétiennes* という原書に付された題名は、原書編者によるものである。この原題名の日本語訳は本書の内容を全的に反映しているとは言えないため、訳者による「甦るギリシア」という副題を新たに付した。

◇本書が草稿段階のものであるため、原書単行本ではヴェイユの記述をたよりにした暫定的な見出しがつけられている。他方で、原書全集版には見出しそのものがつけられていない。そのため、本書では単行本の見出しを考慮しつつ、訳者による見出しをゴチック体で新たに付した。

◇ヴェイユのフランス語訳はギリシア語原文からのかなりの意訳が見られる場合が多々あるが、つねにヴェイユのフランス語訳を尊重して訳出した。

◇ ヴェイユが翻訳・引用の際に典拠としているディールス＝クランツ『ソクラテス以前哲学者断片集』（*Fragmente der Vorsokratiker*）は第四版（一九二二年）であるが、今日の入手可能性、本邦での翻訳状況を考慮し、第六版（一九五一年）を典拠にし、ヴェイユの典拠に変更を加えた。

◇ ディールス＝クランツ『ソクラテス以前哲学者断片集』からの翻訳・引用は、DK の略記号を用い、章、アルファベットおよび断章の番号を記した。たとえば、DK44 B11 はディールス＝クランツ『ソクラテス以前哲学者断片集』第四四章「ピロラオスB」断片一一を示す。

◇ ヴェイユによる翻訳・引用の典拠の誤記ないし誤植はすべて訳者による訂正を加えた。

◇ 大文字ではじまる単語は、固有名詞、プラトニズム・キリスト教における基本的な術語を示すために用いられているものを除き、〈 〉で示した。

◇ 訳者による説明・補足はすべて、〔 〕で示した。ちなみに、（ ）および［ ］はヴェイユによるものである。

◇ フランス語原文のイタリックによる強調は、傍点による強調にした。

◇ v. はフランス語の vers の略号であり、詩の行数をあらわしている。

編者による註記

本書に収められているテクストは、シモーヌ・ヴェイユが、一九四一年十一月から一九四二年五月二十六日にかけて、マルセイユで、ついでカサブランカで書いたものである。彼女はこの草稿を、マルセイユのドミニコ会修道院の地下聖堂での内輪の集まりで話をする題材にしていた。この時期シモーヌ・ヴェイユは、ペラン神父と手がけようとしていた壮大な研究に向けて、ギリシア哲学を研究していた。神の愛について書かれた、キリスト教のものではないもっとも美しい作品を集める構想を立てていたのである。

アメリカに出発する直前に彼女は自分のテクストを、『神を待ち望む』所収の第五の手紙とともにペラン神父に託した。

『前キリスト教的直観』という題名は、シモーヌ・ヴェイユが付けたものではない。本書の中心的な考えをもっともよくあらわしていると思われたのでこの題名にした。

神が降りてくること

神による人間の探索

《*Quaerens me sedisti lassus*》〔神は苦労してわたしたちを探しにくる〕

（「福音書」では、何かの誤りでもないかぎり、人間が神を探し求めることはない。このことを銘記しておこう。すべての譬え話で、キリストが人々を探し求めている。あるいは、〈父〉がその僕《しもべ》たちを使って人々を導く。もしくは人間が、偶然神の国を見出す。このとき、否このときにのみ、人間はすべてを売りわたす〔マタイ一三・四四―四五〕。）

『ホメーロス讃歌』註解

「デメテルへの讃歌、コレー誘拐の物語」

v.1-21

聖なる女神、美しい髪をしたデメテル〔穀物および大地の女神〕と、華奢な足首をしたその娘を歌おう。
アイドネウス〔冥界の王ハデスの別名〕はこの少女を奪い、
重々しく雷鳴を轟かせ、はるか遠くを見やるゼウス〔ギリシア神話の全能の主神、神々の王〕の贈り物として受け取った。
アイドネウスは黄金の剣を携え、デメテルから少女を引き離し、遠くの甘い果樹園に連れていった。
胸ふくよかなオケアノス〔水の神〕の娘たちと戯れつつ、
少女は、あまりに美しいバラやサフランやスミレの花を摘み、
甘美な牧場で、アヤメやヒヤシンスやスイセンを摘んでいた。
スイセンは、ゼウスの意を受けた大地が、少女を迎える使いとして、
バラの蕾のような顔をしたこの処女を誘惑しようと仕掛けた罠である。
この眩いばかりの光景に、あらゆるものが見入っていた。
不死なる神々も、死すべき人間も。

v.30-31

一本の根から百輪の花が咲き、
草木の香りによって、天は高きに広がり、
一面の大地は微笑み、海の潮《うしお》は膨らんでいった。
身を震わせはじめた少女が麗しい玩具《おもちゃ》を摑もうと両手を伸ばした途端、
大地はニューサの野で口を開き、広き路となった。
迎え入れる者は、不死なる馬を引き連れた、
多くの名をもつクロノス〔天空の神ウラノスと大地の女神ガイアの末子〕の息子〔ゼウス〕である。
いやがる少女を捉えて金の馬車に乗せ、
声を荒げて泣き叫ぶのも顧みず、連れ去ったのである。
少女は、クロノスの息子、至高で完全なる父の名を叫び続けていた。
……………………………………
こうして、ゼウスの意のままに、いやがる少女は連れ去られる。
アイドネウスは娘の叔父、命ずる者であり、そしてまた迎え入れる者である。

（デメテルの痛みのために、小麦は生長しない。少女を解放するようゼウスがアイドネウスに言い渡さなければ、人類は滅び、神々は栄光を失ったままとなったであろう。アイドネウスは微笑んで、この言い渡しに聞き従う。アイドネウスはコレー〔ペルセポネー。ゼウスとデメテルの娘〕にこう告げる。）

v.360-374

「ペルセポネーよ、青いヴェールの母上のところに帰りなさい。
君は、胸のうちに勇気と子どもの心をもっているのだから。
むやみに感情を高ぶらせすぎてはならない。
不死なる神々のうちにあって、わたしは不名誉な夫と後ろ指をさされることなどないのだから。
わたしは、君の父上ゼウスと同じ生まれの兄弟である。ここにいるかぎり、
君は、生きている者そして死にゆく者すべての君主となろう。
君は、不死なる神々のなかで、至高の栄誉をもつであろう」。
アイドネウスはこう述べた。思慮深いペルセポネーは歓び、
心躍らせ、すぐさま立ち上がった。だがアイドネウスは、
蜜のように甘い柘榴《ザクロ》の実を、こっそりペルセポネーに食べさせていた。
あちら側に、青いヴェールの尊いデメテルの傍らに、
ずっととどまり続けることがないように、と謀ったのである。

（以来ペルセポネーは、一年の三分の二を神々のもと、母の傍らで過ごし、三分の一をアイドネウスのもとで過ごすことになる。）

註釈――ハデスまたはアイドネウスという名は、〈見えないもの〉あるいは〈永遠なるもの〉、あるいはその両方を意味する。ゼウスの兄〔アイドネウス〕の名であるときもあれば、ゼウス自身の名であ

るときもある。というのも、ゼウスは一《いっ》なる者であり、隠れている者だからである。デメテルという名は、おそらく〈母なる大地〉を意味するであろう。そしてデメテルは、あらゆる母なる女神と同一の者であり、女神の祭礼は、カトリックで聖母マリアが果たす役割と多くの点で類似している。スイセンは、美しすぎて自分しか愛せなかったナルキッソスをあらわす花である。美にとって愛の対象となりうるただひとつの美、すなわち、美の対象となりうるただひとつの美は、神の美である。快楽を探し求める魂は、神の美に出会う。神の美はこの世では、世界の美というかたちをとって魂を捉える罠としてあらわれ出る。この罠があればこそ、魂の意に反して神は魂を捉えるのである。これは、プラトン〔前四二七―前三四七、哲学者ソクラテスの弟子〕の『パイドロス』〔「美について」の副題をもつ対話篇〕の見方でもある。神は、魂を自然のうちに連れ戻さねばならない。だがそうする前に、神は不意をついて、魂にひそかに柘榴の実を食べさせる。魂が食べてしまえば、魂は永遠に捉えられてしまう。柘榴の実とは、魂がそれと知らずになす、神への同意である。その同意は、魂のあらゆる肉的傾向のうちでかぎりなく小さいが、魂の運命を永遠に決定づける。それは、キリストが天の王国になぞらえた芥子種《からし》のことである。それはかぎりなく小さいが、やがて天の鳥たちが止まる樹木に成長するであろう〔マタイ一三・三一―三二／マルコ四・三一―三二／ルカ一三・一九〕。

この神話には、神が魂に行使するふたつの暴力が続けざまに描かれている。そのひとつは純粋な暴力であり、もうひとつは、神への魂の同意が不可欠な、救いを決定づける暴力である。この同意と救いというふたつの契機は、『パイドロス』の神話〔248a-251c〕や洞窟の比喩〔『国家』514-519〕にも見られる。それは、「福音書」の婚礼の宴に関する譬え話〔マタイ二二・一―一四／ルカ一四・一六―二四〕と照応している。

道端で婚礼の宴に参列する人を行き当たりばったり探さねばならないが、それは婚礼の宴にあたって礼服を纏っている人でなければならない――このような、「招かれた人」と「選ばれた人」との対置に照応している。また同様の照応は、次の譬え話にも見出される。処女たち全員が花婿を出迎えようとする。だがそれが認められるのは、油を事前に用意した娘だけである〔マタイ二五・一―一三〕等々。

神によって人間に仕掛けられた罠という考えは、クレタとアテナイの戦争に関して後から加筆された部分を除いて、迷宮《ラビュラントス》伝説〔クレタ島の王ミノスの妻パシファエが牡牛によって牛頭人身の怪物ミノタウロスを生み、ミノスはダイダロスに命じて迷宮をつくらせたという〕の意味するものである。ゼウスの子ミノスは死者たちの裁判官であり、古来、オシリス〔古代エジプトの冥府の神〕、ディオニュソス〔酒の神〕、プロメテウス〔巨人《タイ》神族《タン》のひとり。天上の火を盗んで人間に与えた罪でゼウスの命でカウカソス山に鎖でつながれる〕、エロース〔愛の神〕、ヘルメス〔旅人・泥棒・商業・羊飼いの神〕、アポロン〔あらゆる知的文化的活動の神〕、その他多くの名で呼ばれている。だがそれは、ひとつの存在である（おそらく、これらは同一のものとされていたであろう）。ミノタウロスは雄牛としてあらわされているものと同じである。オシリスがアピス〔エジプト神話の牡牛の神、多産豊穣の神〕やディオニュソス・ザグレウスという角《つの》をもつ牛の姿であらわされているように（月やその満ち欠けに関する象徴は、このイメージを説明している〔cf. 一〇二頁〕）。迷宮とは、入りこむやいなや進むべき道を見失い、しばらくすると一様に、もと来た道を引き返すことも、新たに歩を進めることもできなくなってしまう、あの道のことである。どこにいるのかわからずにさまよい、ついにたどり着くところは、神が人間を食べるために待っている場所である。

「ノルウェー公」註解

スコットランドの物語

（この物語は、ロシアやドイツなどの民話にも見出される。）

（ここで「ノルウェー公」と名づけられている）王子は、昼は動物の姿をし、夜だけ人間の姿をしている。ある皇女がこの王子と結婚して王女となる。ある晩、この状況にうんざりした王女は、夫の動物の皮を剝ぐ。すると王子は消えてしまう。王女は探さねばならない。

王女は野原や森を歩きまわり、王子を探し続ける。さまよい歩いていると、王女はひとりの老婆に出会う。老婆は、困ったときに使うようにと、不思議なハシバミの実を三つくれる。王女はさらに長いあいださまよい、ついに宮殿を探し当てる。そこで夫である王子は、人間の姿をしている。だが王女のことは忘れてしまっており、数日後に別の女性と結婚することになっている。王女は果てしない旅の末にみすぼらしい身なりをして、惨めな姿になっている。王女は料理女として宮殿に入る。ハシバミの実をひとつ割ると、眩いばかりのドレスがあらわれ出る。王女は王子とまる一晩過ごさせてもらうのと引き換えに、このドレスを差し上げようと、婚約者の女性にもちかける。婚約者の女性はしばしためらうものの、ドレスに魅了され、この申し出を受け入れる。だが婚約者の女性は、王子に一晩中眠ったままにさせておく薬を飲ませる。王子が眠っているあいだ、本当の妻である料理女は、王子の傍らで歌い続ける。

はるか遠くからあなたを探して、ようやくいま、おそばにやって参りました。ノルウェー公様、どうして振り向いて話しかけてくださらないのでしょうか？
(*Far hae I sought ye, near am I brought to ye;*
Dear Duke o'Norroway, will you turn and speak to me?)

王女は「延々と歌い続け、その胸は幾度となく張り裂けそうになる」(*till her heart was like to break, and over again like to break*)。王子は目を覚まさず、夜が明ければ王女は王子のもとを去らねばならない。二日目の夜も、三日目の夜もそうである。すると、三日目の夜が明ける寸前に王子は目覚め、本当の妻が誰なのかがわかり、もうひとりの婚約者を追い出す。

わたしが思うに、この物語もまた、神による人間の探索をあらわしている。神が人間を捉える二段階の契機が示されている。そのひとつは、無意識の闇夜のうちでなされる。意識はまだ完全に動物の状態にあり、人間性はその意識のもとに隠されている。神が意識を陽のもとにさらそうとすると、人間は逃げ出し、神から遠く離れて姿をくらまし、神を忘れて肉と交わろうとする。疲れ果てた末、神はようやく魂を探し出し、乞食の姿で訪れ、美を用いて肉を誘惑し、魂の傍らにおもむく。だが、魂は眠っている。魂が目覚めるには期限がある。その期限が過ぎてしまう寸前に魂は目覚め、神が誰なのかがわかり、神を選び、救われる。

王子が目覚めるのは、三日目の最後の夜が明ける寸前である。このことは、決定的な瞬間に救われる魂と救われない魂を隔てるものは、魂の心的状態に関しては僅差でしかない、ということを示している。「福音書」で芥子《からし》種やパン種、真珠などが天国の譬えとして用いられている〔マタイ一三・三一―四六〕のも同様のことを示している。先のペルセポネーの柘榴の実もそうである。

王女は惨めな姿をし、料理女として宮殿に入り込む。それが意味するのは、神がわたしたちのところにやってくるとき、その権能のみならず栄光さえも完全に剥ぎ取られているということである。神はわたしたちのところに隠れた状態でやってくる。そして救いとは、それが神であると承認することなのだ。

民話にはもうひとつの主題があり、おそらく同一の真理にかかわるものであろう。王子と結婚するために、女奴隷をひとり従えて、はるか遠くまで旅立つ王女の話がある（男奴隷を従えた王子が王女と結婚することになるという物語もある）。道すがら、王女は女奴隷と衣服と役割を交換させられ、真の素性を明かさないよう誓わされる出来事が否応なく起こる。王子が女奴隷と結婚しようとするまさにその瞬間に、王子は誰が本当の婚約者なのかを知ることになる。

このふたつの主題は、〔イエス・キリストの〕受難をも思い起こさせるものとみなせよう。「ノルウェー公」の物語では、正式な婚約者はさまよい続け、疲れ果て、汚れて、裸足でぼろを纏った状態で王子の住む宮殿にたどり着く。それは、受難を思い起こさせるに十分である。「はるか遠くからあなたを探して、ようやくいま、おそばにやって参りました」という言葉には、胸が引き裂かれんばかりの趣きがある。「王女は延々と歌い続け、その胸は幾度となく張り裂けそうになる」という言葉も同様である。

神と人間が承認し合うこと

『エレクトラ』註解

ソポクレス——エレクトラとオレステスが承認し合うこと

v.1218-1229

エレクトラ　かわいそうなわたしの弟のお墓は、どこにあるのですか？
オレステス　そんなものはありません。生きている者に墓はありません。
エレクトラ　それはいったいどういうことですか？
オレステス　わたしの言葉に嘘はひとつもありません。
エレクトラ　それでは、弟は生きているのですか？
オレステス　はい、わたしが息をしているならば。
エレクトラ　ということは、あなたがわたしの弟なのですか？
オレステス　これをご覧になってください。父上の指輪です。わたしの言うことが本当かどうか、
　確かめてください。
エレクトラ　ああ、なんて愛おしく、光り輝いているのでしょう。

オレステス　本当に愛おしいと、わたしもそう思います。
エレクトラ　その声、帰って来たのですね。
オレステス　もう他の者にお尋ねにならないでください。
エレクトラ　本当にこの腕のなかにいるのですね？
オレステス　これからはいつまでも一緒です。
エレクトラ　ああ、愛おしいご婦人方、市民の皆様、これがオレステスです。オレステスは死んでいる術を編み出し、そうしていま救われる術を編み出したのです。

これら数行を、エレクトラ〔ミケーネ王アガメムノンとクリュタイムネストラの娘〕と〔その弟〕オレステスの物語ということを考えずに読むとしても、神秘的な響きははっきりとしている（「もう他の者にお尋ねにならないでください」／「これからはいつまでも一緒です」）。次に、ソポクレス〔前四九六頃—前四〇六、三大悲劇詩人のひとり〕の悲劇のままにこの物語を考察すると、神秘的な響きはいっそう露わになる。

ここでは、承認し合うことが問題となっており、それがしばしば民話の主題となっている。目の前にいる人を知らない人であると思ってしまう。だがその人は最愛の人である。マグダラのマリアと庭師のあいだに起こったのもこのことである〔ヨハネ二〇・一一—一八〕。

エレクトラは権威ある王の娘である。だが、父親を裏切った人々の指示で、悲惨な奴隷状態に貶められている。エレクトラは腹を空かせ、ぼろを纏っている。不幸は彼女を苦しめるだけではなく、堕落させ、とげとげしくもさせる。だが彼女は妥協しない。自分に対して全権を握る父の仇を憎んでいる。彼女を救い出せるのは、遠く離れたところにいる弟だけである。弟がやってくるのを待つあいだ、彼女は疲労困憊してしまう。ようやく弟がやってくる。だが、それについて彼女は何も知らされていない。目の前にいるのは、弟の死を告げ、遺灰を抱えている見知らぬ人だと思い込んでいる。彼女は底なしの絶望に突き落とされ、死にたくなる。だが、もはや希望が何ひとつなくなっても、一瞬たりとも妥協しようとは思わない。父の仇への憎しみは、ますます募るばかりである。泣きながら骨壺を抱きかかえていると、その涙を見たオレステスは、女奴隷と思っていた人が誰なのかを知る。骨壺が空であると知らせ、自分の正体を明かす。

ここでは二重の承認がある。神は涙で人間の魂を知り、そうして神は自らの正体を明かす。疲労困憊した〔人間の〕魂は神を待つのをやめ、外的な不幸や内面の渇きのために、神は不在だと思い込む。だがそれでも神を愛するのをやめず、神にとって代わろうとするこの世のもろもろの善を憎む。すると神は、しばし経った後に魂のところまでやってきて、自らを明かし、魂に語りかけ、魂に触れる。十字架の聖ヨハネ〔一五四二―九一、スペインの神秘家〕が魂の闇夜と名づけたのは、このことである。

他方で、骨壺と遺灰に向けられたオレステスの悲しみが、承認し合う歓びにつながってゆく。このことは、神の死と復活をもこの上なくはっきりと思い起こさせよう。次の一行は、そのことをあますところなく示している。

μηχαναῖσι《メーカナイシ》 μὲν《メン》 θανόντα《タノンタ》 νῦν《ニューン》 δὲ《デ》 μηχαναῖς《メーカナイス》 σεσωσμένον《セソースメノン》

彼は策略（stratagème）によって死に、いま策略によって救われたのです。

だが、策略（stratagème）という訳語はふさわしくない。μηχανή《メーカネー》という言葉は、悲劇作品やプラトン、ピンダロス〔前五一八―前四三八頃、詩人〕、ヘロドトス〔前四八五頃―前四二〇頃、歴史の父〕で頻繁に用いられている。だが、救いと贖いに関する諸観念にかかわる多くのテクスト、とりわけ〔アイスキュロスの〕『〔縛られた〕プロメテウス』で、明晰にあるいは暗示的に、直接的にあるいは間接的に、確固としてあるいは臆断的に用いられている。そのことは、さまざまな秘儀でこの言葉が救いと贖いについて用いられていたのをあきらかにしている。この言葉は、方法（*moyen*）を意味し、πόρος《ポロス》という語の類義語である（πόρος《ポロス》については、『饗宴』の「愛《エロース》誕生神話」〔七四―七九頁〕注解を参照）。μηχανή《メーカネー》は、受難についてこの上なく明晰なヘロドトスのテクストで用いられている（cf.後述〔七七頁〕）。μηχανή《メーカネー》に照応するラテン語はマキーナー（*machina*）で、戯曲の最終場面で高所から舞台に降りてくる神がデウス・エクス・マキーナー（*Deus ex machina*）〔機械仕掛けの神〕と呼ばれている。

『アンチゴネー』註解

ソポクレスは、その着想のキリスト教的な質がもっともあきらかで、おそらくもっとも純粋に見てとれるギリシア詩人である（わたしの知るかぎり、ソポクレスは、過去二千年のどんな悲劇詩人よりも、はるかにキリスト教的である）。その質は、悲劇『アンチゴネー』に広く認められるところであり、「人間に従うよりも神に従うほうがよい」という台詞がいったい何を意味するのかを、『アンチゴネー』は示していよう。この悲劇にあらわれる神は、天にいると思われている神ではない。そうではなく、死者たちとともに地下にいる神である。そして実は、どちらにいても同じことなのだ。大切なのはつねに真の神であり、もうひとつの世界にいる神である。人間は、隣人愛を通して、あらゆるものに向けられたこの神の平等性に倣わねばならない。こうしてキリストは、あらゆる者に雨と太陽の光を降り注ぐ、天なる父の完全性に倣うよう命じるのである〔マタイ五・四五〕。

v.512-523

クレオン　あの男と闘って死んだのも、お前の兄ではないのか？（ポリュネイケスと闘ったエテオクレスのことである）。

アンチゴネー　同じただひとりの父から生まれたわたしの兄です。

クレオン　それならばなぜ、立場が違えば不敬となるような好意を示すのか？

アンチゴネー　亡くなった兄〔エテオクレス〕ならば、そんなことは言わないでしょう。
クレオン　不敬な者と同程度にしか敬わなくてもか？
アンチゴネー　亡くなった者たちは主人と奴隷の関係だったのではありません。ふたりは兄弟同士だったのです。
クレオン　国を亡ぼそうとした者と、国を守ろうとした者だ。
アンチゴネー　でも死者たちの神は、平等をお望みです。
クレオン　だからといって、善人は悪人と平等に扱われることを望むものか。
アンチゴネー　そんなことがあの世で正しいかどうかわかるものですか？
クレオン　死んでも、けっして敵が友となることはない。
アンチゴネー　わたしは憎しみをわかち合うために生まれて来たのではありません。愛をわかち合うために生まれて来たのです。

アンチゴネー〔オイディプス王の娘〕のこの最後の一文はすばらしい。だが、クレオン〔アンチゴネーの叔父、テーバイの王〕の言い返しはさらにいっそうすばらしい。というのも、クレオンの台詞が示しているのは、愛のみに与り憎しみに与らない者は、もうひとつの世界に属しており、もうひとつの世界に期待されるものは残酷な死だけだからである。

クレオン　Κάτω《カトー》 νῦν《ニューン》 ἐλθοῦς《エルトゥース》, εἰ《エイ》 φιλητέον《ピレーテオン》, φίλει《ピレイ》, κείνους《ケイヌース》　v.524

さあ、それならあの世に行くがよい。愛する必要があるならば、あの世の者どもを愛すればよかろう。

愛することが許されるのは、もうひとつの世界、すなわち、死者たちのところにおいてのみである。この世界で愛することは、許されてはいない。愛することができるのは死者たちだけ、すなわち、もうひとつの世界に属するよう定められた魂だけである。

アンチゴネーは完全に純粋で、完全に無垢で、完全に勇敢な者である。彼女はもうひとつの世界で不幸な運命のもとにある罪人とされた兄を守ろうと、死に赴くこともいとわない。死が近づいてくるいまわの際に、彼女の自然本性は萎え、人々からも神々からも見捨てられたと感じている。彼女は愛のために分別をなくし、朽ち果てるのである。アンチゴネーの妹〔イスメネー〕は、物語の冒頭でアンチゴネーにこう述べている。

v.99

ἄνους《アヌース》 μὲν《メン》 ἔρχει《エルケイ》, τοῖς《トイス》 φίλοις《ピロイス》 δ᾽ ὀρθῶς《ドルトース》 φίλη《ピレー》

分別をなくしているようだけれども、親しい者たちにとって、あなたは大切な人です。

（cf.アイスキュロス『プロメテウス』〔v.385. cf.一一六頁〕）

多くのギリシア悲劇で、罪に由来する呪いは何世代にもわたって伝わり、ついには完全に純粋な存在に触れる。その存在は呪いによるあらゆる苦しみを堪え忍ぶ。そのとき呪いはやむ。このように、ライオス〔オイディプスの父、アンチゴネーの祖父〕が神への不従順という罪を犯し、呪いはこの罪から生まれた。呪いを堪え忍ぶことによって呪いを止める純粋な存在は、アイスキュロス〔前五二五頃―前四五六頃、三大悲劇詩人のひとり〕の作品〔『テーバイ攻めの七将』〕におけるエテオクレスやソポクレスの作品におけるアンチゴネーである。ペロピデスの呪いを止める純粋な存在は、アイスキュロスの作品〔『供養する女たち』〕におけるオレステスである（ソポクレスの『エレクトラ』はこの視座から描かれていない）。ギリシア悲劇で運命と言われているものは、はなはだ誤解されている。運命があるのではなく、呪いという概念がある。犯罪によってこの概念がひとたび生じると、それは人々によって次から次へと伝播され、神に従順で純粋なひとりの人の犠牲の苦しみによってのみ破壊されるのである。

恩寵の働き

『アガメムノン』註解

アイスキュロス『アガメムノン』のコロス

v.160-166

ゼウスが誰であろうとも、ゼウスと呼ばれるのを望むのなら、
そう呼ぶことにしよう。
あらゆるものと測り較べようとも、ゼウスを措いて比すべきものとてない。
苦悶の空しい重さが
真にとり除かれるというのであれば。

…………………………………………

v.174-183

ゼウスが誰であれ、ゼウスに思いを馳せ、ゼウスを讃えるならば、
至高の叡智を得るであろう。
ゼウスは、死すべき人間どもに叡智の道を示した。

「苦しみによって認識せよ」とは、
ゼウスが定めた至高の掟である。
苦い記憶の苦しみが
眠りのなかにしたたり落ち、
心に触れる。
叡智はそれと知られずにやってくる。
この残酷さこそが、
神々からの恩寵にほかならない。
聖なる舵取りの座にある神々の。

ゼウスは、神という言葉でのみ、その特殊な神性をあらわす。さらに、ゼウスと神の語源は同じであり、しかもゼウスの固有名は知られていない。古代では、名づける者は支配力をもつと考えられていた。それが意味するのは、名づけることで偽りの神に到達しえても、真の神には到達しえないということである。わたしたちがなしうることは、神に思いを馳せることだけであり、そしてまた、完全性を手に入れるにはそれで十分なのである。

「苦しい記憶の痛み」が意味するものは、オルペウス教〔オルペウスを伝説上の創始者とする密儀宗教〕の語感からすると、神によって定められた魂の永遠なる至福の予感のことである。この予感が無意識の眠りのうちに一滴一滴したたり落ちる。それが意識にのぼるとき、人はすでに神々の恩寵にとらわれている。残されているのは同意することだけである。この恩寵の働きの描写は、コレーの神話〔『ホメーロス讃歌』〕と照応している。

創造における神の愛

『ティマイオス』註解

ペレキュデス〔ピタゴラスの師であったらしい前六世紀初頭のシュロス人〕

ゼウスは、創造の際愛《エロース》になった、とペレキュデスは述べている。というのも、ゼウスは、相反するものから世界の秩序をつくり、そこから比例と友情を導き出し、万物に同一性と、宇宙にあまねくひろがる一性《いっせい》の種を撒いたからである〔DK7 B3〕。

プラトン『ティマイオス』〔「自然について」の副題をもつ対話篇〕

28a-b 産出されるものはすべて、かならず制作者に由来します。制作者がいなければ、制作はありえません。芸術家が自らに等しいものをじっと眺めモデルに専心するように自らに専心し、本質と徳をふたたび生み出すならば、完璧な美がかならず成し遂げられます。もし芸術家が移ろいゆくものを眺めているならば、そして、もしモデルが移ろいゆくものであるならば、制作されるものは美しくありません。

これら数行には、芸術創造の理論が孕まれている。芸術作品が超越的な着想によるのでなければ、真の美はない（超越的なモデルは、真の着想の源泉にすぎない）。感覚的ないし心理的な現象から着想を得た芸術作品は、第一級の作品ではありえない。これは実証できる。世界創造をあらわすためには、人間の行為へ移し替えねばならない。だが、時計製造工の仕事などは、移し替えられるとすぐ陳腐なものに堕してしまう。こうした例をまずもって提示する現代人とは異なり、プラトンは、人間の行為であるとはいえ、すでに超自然的な例を提示する。さらにこの類比が正しいことは検証できる。目的を目指してつくられた作品と世界を類比させようとしても、世界には目に見える合目的性がない。世界がそうしたものでないのはあきらかである。だが、世界と芸術作品との類比は、世界の美についての感情において実証される。というのも、美の感情は、美しいものに接したときにのみ湧き起こるからである。それゆえ、美の感情を抱いたことのない人はこの検証をなしえない。だが、そのような人はまずいないであろう。とはいえ、美を感じたことがない人は、いかなる方法によっても神に導かれることはない。世界を芸術作品に比べ合わせると、創造の行為だけではなく、摂理も芸術の着想に一致するのが見えてくる。すなわち、芸術作品にも世界にも合目的性はあるが、思い浮かべられるいっさいの目的がない。モノを制作する際、目的を設定し、それに向けて手段を組み合わせる。芸術を創造する際にも手段を組み合わせ、そこに合目的性がありありと浮かび上がる。だが、いかなる目的も思い浮かべられない。目的はある意味では使用された手段の総体であるが、ある意味ではまた完全に超越的なものである。宇宙に関してもまったく同様である。宇宙が何のために運行するかはまったく超越的で、想像しえない。なぜなら、宇宙の目的は神そのものだからである。こうして、芸術は宇宙と比較しうる唯一のものだということがわかる。そして、ただこの比較からのみ愛へと導かれる。時計製造工を愛さなくとも時計を使うことはできる。だが、作曲家と歌手とを愛さずに、本当に美しい歌に聞き入ることはできない。翻って、時計を愛さずとも時計製造工は時計を作ることができる。だが、芸術創造は〔悪魔的なものでない場合、また、単に人間的というのではない場合には〕、愛からしかなしえない。

28c-29a

この宇宙の創造主である父を見出すのは至難であり、また見出したとしても、それをすべての人にわかるようにすることはできません。したがって、もう一度先の問題に立ち帰って検討しましょう。宇宙の制作者は、次のふたつのモデルのうち、どちらに倣ってこの宇宙を作り上げたのかということです。自らに等しく永遠なるものに倣ったのか、それとも、移ろいゆくものに倣ったのか。この世界が美しく、芸術家が善き者であるならば、永遠なるもののほうを眺めていたのはあきらかです。だがその反対に、口にするのも憚られるようなこと〔世界が劣悪なもので、芸術家が悪しき者であること〕だとしたら、芸術家は移ろいゆくものを眺めていたことになります。もちろん、芸術家は永遠なるもののほうを眺めていました。というのも、世界はもろもろの作品のうちでもっとも美しく、世界を創造した芸術家は、芸術家のうちでもっとも完璧な者だからです。こうして生み出された世界は、知性と理性によって把握され、同一性を保つ存在に倣って創造されたのです。

29d-30a それでは、芸術家はどのような原因によって、生成とこの宇宙を創造したのかを言いましょう。芸術家は善き者であり、いかなる場合、いかなる仕方でも、善き者に嫉妬心が起こることはありえません。嫉妬する心がないので、制作者はすべてがあたうかぎり自らに似るよう望んだのです。……神は、すべてが善き者であることを、そして、すべてが自らの価値を失わないよう望んだのです……。

30b-31b この世界は魂を有する生きもので、精神を有しています。すなわち、神の摂理によって精神を有するものとして生み出されたのです。こう言わねばなりません。

このことが認められるならば、今度は、話を前に進めるべきでしょう。すなわち、制作者は生きとし生けるもののうちでどのようなものに似せてこの宇宙を創造したのか、ということです。さて何にせよ、本来的に部分でしかないものに似せたなどと考えて宇宙を貶めないようにしましょう。というのも、不完全なものに似ているものは美しくないからです。この宇宙はすべての生きとし生けるものが個的にも類的にもその部分であるような、そうした全体的なものにもっとも似ています。世界はわたしたち自身や目に見える生きとし生けるものを包み込んでいます。それと同様に、宇宙は活き活きした精神をうちに有しています。というのも、神は、完璧に美しいもの、そしてあらゆる点で絶対的に完璧なものに宇宙を似せようとしたからです。そうして神は、自らのうちにこの宇宙を創造したのです。目に見える唯一の生きものとして、そして自らのうちに自然的に自らに似ている生きとし生けるものを有するものとして。……それゆえ作者は、宇宙が一性《いっせい》によって絶対的に完璧な存在に似るよう配慮して、ふたつの世界ないし無数の世界を創造しませんでした。そうではなく、宇宙はただひとつの天空として生み出され、いまも、そしてこれからも存続します。そのただひとつの天空とは、ひとり子のことです。

プラトンは、世界ないし天空と述べることで、世界の魂のことを述べようとしている。それは、友の名を呼ぶとき、わたしたちはその魂を思い描いているのであり、その身体を思い描いているのではないのと同様である。プラトンが世界の魂と名づける存在は、神のひとり子である。プラトンは、聖ヨハネと同様〔ヨハネ一六・二八〕「単性生殖」について語っている。目に見える世界とは、神の身体である。これは汎神論〔万物は神のあらわれで、万物に神が宿り、一切を神そのものとする宗教・哲学観〕を意味しない。魂が身体のうちにないのと同様、神は目に見える世界のうちにはない。プラトンは、別の箇所でこのことをはっきり述べている。「世界の魂は、物質よりも無限に広く、物質を含み、あらゆる部分から物質を包み込んでいます」(34b)。「世界の魂は、目に見える世界に先立ち、時間に先立って生み出されます。したがってそれは、完全に永遠なるものです」(34c)。世界の魂は、主人が奴隷にそうするように、物質的な世界に命令する。それは、それ自身のうちに物質の原理と結びつく神の実体を有している。

世界の魂が生み出す自らに似た〈モデル〉とは、精神的な生きもの、すなわち、生きている精神のことである。とするとそれは、ペルソナのことであり、そしてまた、あらゆる点でまったく完璧な精神のことである。したがってそれは神であり、〈父〉、〈ひとり子〉、〈モデル〉という三つのペルソナを備えている。第三のペルソナがなぜ〈モデル〉と名づけられているのかを理解するためには、『ティマイオス』冒頭〔28a, 28b〕の芸術創造との比較を思い起こさねばならない。第一級の芸術家は、超越的なモデルに倣って創作する。だが、あらわされるものがこの超越的なモデルなのではなく、モデルは、芸術家の着想の超自然的な源泉にすぎない。モデルを着想に置き換えてみるならば、聖霊にモデルというイメージが与えられる理由がはっきりする。漠然とした類比を思い浮かべても、画家が肖像画を描くとき、モデルとは芸術家と絵とをつなぐものである。

34b 神は魂（世界の魂）を中心に据え、その全体を引き延ばし、さらにかたちをもつ宇宙の外側から覆って、円を描いて回転する丸いただひとつの天空を包み込みました。しかしこの宇宙はすぐれた性質を備えているので、おのずと自ら自身と交わることができ、自ら以外のものを何ら必要とせず、自らで自らを十全に認識し、愛することができました。こうして神は、幸福なこの神を生み出したのです。

34c 神は魂（世界の魂）を、生まれにおいても威厳においても、身体より先なるもの、長老なるものとしてつくりました。そして、身体を支配するもの、従うべき至高のものとして魂を身体に付与したのです。

36b-c

神はこの組織全体を真っ二つに引き裂いて、それぞれの部分の真中と真中を、ちょうど文字X《カイ》のようにあてがいました。そして、それぞれが閉じたひとつの円をなすように曲げ、ふたつの円が接合点で向かい合い、互いに結びつくようにしました。それから、同じ場所を一律に回る運動にふたつの円を包み込みました。

この組織とは、世界の魂の実体であり、神の実体と物質の原理とを合成したものである。

この少し前でプラトンは、世界の魂である〈ひとり子〉は幸福な神であり、自らを認識し愛する、と述べている。神は自らのうちに三位一体〔父・子・聖霊は唯一の神の三つの姿であり、本来一であるとするキリスト教の教理〕の至福の生を有している、と言い換えることもできよう。だがここでプラトンは、この同じ神が引き裂かれている、とも述べている。神は時間・空間によって引き裂かれている。これは受難だと言えよう。聖ヨハネが「黙示録」（一三・八）で世の始まりからそうである生け贄の小羊について語っていることを思い起こそう。ふたつに引き裂かれた世界の魂は、互いに交差している。Xの交差は斜めであっても、十字はあくまでも十字である。だがそれらが交差する点で、ふたつに引き裂かれた世界の魂がふたたび結び合わされ、ひとつになる。こうしてすべては何の変化もこうむらず、自らの周りをめぐる円運動によって包み込まれる。それは、永遠で至福の運動の完璧なイメージ、すなわち三位一体の生である。

プラトンのイメージづくりに役立っているふたつの円は、恒星の日周運動を決定する赤道が描く円と、太陽の年周運動を決定する黄道が描く円である。ふたつの円の交差点は春分点である（古来多くの国で一年の始まりは春であり、けっして秋ではない、と思われる。とするならば、秋分点が問題となっているとは考えにくい）。春分点は、プラトンの時代には牡羊座のうちにあるとされていた。復活祭のときに太陽は春分点と重なり、月はちょうどその正反対の位置にくる。「旧約聖書」を読むのと同じ気持ちでプラトンを読むならば、これら数行のうちに預言を読み取ることができよう。プラトンは、この驚くべき象徴の組み合わせによって、天空のうちに、また日々や季節の移り変わりのうちに、三位一体であり十字架でもあるイメージを映し出している。

36d-37a

思考によって魂（世界の魂）の組織全体を生み出し、つづいて内側から宇宙の身体を広げる際、創造主は魂と身体の中心を重ね合わせました。創造主は、魂を中心から天空の果てにいたるまで広げ、外側から天空の全領域を包み込みました。魂は、自らの周りを回りながら、時間全体に向けて、消失することのない思慮深い神の生を始めたのです。天空という目に見える身体が生まれ、そして、目に見えない魂は比例と調和に与り、永遠なる諸精神の完全性から生まれた諸精神の完全性として生み出されたのです。

〔「永遠なる諸精神の完全性から生まれた諸精神」と〕複数形が二回用いられているのを見誤ってはならない。それは単に文法上の問題である。「完全性」という最上級を示す語が用いられているために複数形になっている。だから、父と子が唯一無二であることに変わりはない。

次のことが思い起こされよう。『パイドロス』〔246e-247e. cf. 一〇六—一〇七頁〕の神話で、食事をとるため天空の反対側へ行く際、ゼウスが食べるのはそのひとり子である。ここで問題となっているのは、うちなる交わりによる神の移し替えである。至福の魂もまた、ひとり子を食べる。

世界の魂が比例と調和に与るのは、〈ロゴス=言葉（Verbe）〉が組織する働きをもつというにとどまらず、さらにいっそう深い意味を有している。比例と調和は類義語である。比例は、比例中項によるふたつの数のつながりである。たとえば、1/3 = 3/9 のように、3によって1と9のあいだに比例関係が生じる。ピタゴラス派の人々〔前六世紀前半に創設された宗教的学問的教団。ピタゴラスは前五七〇頃—前四九六頃、哲学・数学者、宗教家〕は、調和を相反するものの一致と定義している。相反するものの最初の対は、神と被造物である。子は相反するものの一致であり、神と被造物のあいだに比例を生み出す幾何学的中項である。それは〈媒介者〉である。

37d-e モデルが永遠なる生を有するように、神はこの宇宙にあたうかぎり永遠なる生を与えようとしました。さて、生きている〔モデルの〕自然本性は永遠であり、生み出されるものに密着することは絶対にありえません。神は、永遠性の動的なイメージを創造しようと考えました。神が天空の秩序を創造したその同じときに、神は数に倣って考えを進め、一性《いっせい》において固定的だった永遠性の、永遠に動き続けるイメージとなるものを創造しました。これが時間と呼ばれているものです。

38a-b 過去と未来は、数に倣って回りながら、永遠性に倣う時間の形態としてあらわれます。

38c こうして、時間の産出に関する神の命令と思考に従って時間が生み出されるため、天体と呼ばれる太陽、月、その他五つの惑星が、時間をめぐる数を決定し、それを保つためにあらわれたのです。

39b-c 天空が、あたうかぎりあらゆる部分からあらわれ出るように。そして生きものが、少なくとも数にふさわしいあらゆる生きものが、数に与るように。

47b-c わたしたちは天空における精神の円運動を眺め、うちなる思考の円運動に役立てねばなりません。同じ円運動でも、迷いがないものと迷いがあるものとがあります。それゆえ、自らを鍛え、諸比例の本質的な正しさに与らねばなりません。絶対に誤ることがない神の円運動に倣い、誤りやすいわたしたちのうちなる円運動を鎮めねばならないのです。

こうして、〈ロゴス＝言葉（Verbe）〉は人間が倣うべきモデルとなる。ここで問題となっているのは、人間が受肉した〈ロゴス＝言葉〉であるイエス・キリストのことではなく、全宇宙が受肉した、世界を秩序づける〈ロゴス＝言葉〉のことである。わたしたちは自らのうちに世界の秩序を生み出さねばならない。ここに、ミクロコスモスとマクロコスモスという考えの源がある。中世の人々はこの考えにとり憑かれていた。この考えには、計り知れない深さがある。その鍵となっているのは、円運動という象徴である。わたしたちの欲望はとどまるところを知らず、絶え間なく外へと向かっていき、想像上の未来をその領野としている。この欲望を自らに向き合わせ、現在に向かわせねばならない。わたしたちの生を日・月・年に分割する天体の運動は、この点に関してわたしたちが倣うべきモデルである。なぜなら、天体の運行は厳密であり、星辰は未来も過去も少しも変わらないからである。天体の運行では未来が過去と少しも変わらぬことを観照するならば、わたしたちは時間を通して永遠へと至り、未来へ向かう欲望から解き放たれることで、未来を運ぶ誤謬と虚偽の唯一の源泉である想像力からも解き放たれる。わたしたちはいかなる恣意、いかなる想像力の働く余地もない、諸比例の正しさに与る。だが比例という言葉は、おそらく受肉をも思い起こさせよう。

47e-48a

この説明に、必然性から生み出されるものも付け加えねばなりません。というのも、この世界は必然性と精神の組み合わせから生み出されるからです。しかし精神は、説得によって必然性を支配します。精神が必然性を説得して、最善を目指す大半のものが生み出されるのです。こうして、この法則に従いながら、思慮深く説得された必然性によって、そもそも始めからこの宇宙はつくられたのです。

これら数行は、神をめぐる無行為の行為という中国の〔老子の〕概念を思い起こさせる。この概念は、キリスト教の多くのテクストにも見出される。暴力をふるわず、自らすすんで従順であろうとする愛《エロース》の優しさをめぐる『饗宴』〔「愛について」の副題をもつ対話篇、196b-c〕の箇所もまた同様である。また、アイスキュロスの次の箇所もそうである。

ゼウスは死すべき人間たちを、
その高い希望から
奈落の底に突き落とすように諮ります。
しかしどんな暴力をもふるいません。
神的なものにはすべて、努力というものがいらないのです。
高みに座するゼウスの叡智は知っています。
自らが座する純粋な場所から、すべてが成し遂げられることを。
（アイスキュロス『嘆願する女たち〔ヒケティデス〕』v.95-101）

神は自らの目的を遂げようと、暴力的に第二原因に介入することはない。揺るがぬ必然性のメカニズムを通して、メカニズムを少しも歪めることなく、神は、自らの目的すべてを果たす。神の叡智は高みにある（そしてそれが降りてくるならば、周知のとおり、それは同様の慎み深さをともなっている）。生じる現象はそれぞれふたつの根拠を有している。そのひとつは、自然のメカニズムにおける原因である。もうひとつは、神による世界の配剤のうちにある原因である。一方が属している局面を説明しようとして、他方をもち出してはならない。

世界の秩序をめぐるこの局面はまた、わたしたちが倣うべきものでもある。ひとたび敷居が乗り越えられたならば、魂の超自然的部分は、暴力によってではなく説得によって、意志によってではなく欲望によって、魂の自然的部分を支配する。

90a-b わたしたちのうちなるもっとも高い部分に関しては、神がそれをわたしたちそれぞれに神的なものとして与えたと考えねばなりません。この神的なものはわたしたちの身体の頂点に住まっていると言えましょう。そしてまた、それはわたしたちを、天空に倣って、大地から立ち上げます。というのも、わたしたちは地上の植物ではなく、天空の植物だからです。こう述べるのが正しいでしょう。そもそも魂が誕生する場所から、この神的な存在はわたしたちの頭を吊り下げ、それがわたしたちの根となって、身体がまっすぐ下に伸びているからです。

90c この神的な存在のために、つねに存在せねばなりません。自らのうちに宿る神的な存在をふさわしい状態に保たねばならないのです。

90c-d ひとつの存在に仕える仕方はひとつしかありません。それは、その存在にふさわしい糧と運動を与えることです。わたしたちのうちなる神的存在の運動と類似のもの、それは、宇宙の思考とその円運動です。この両者に従わないわけにはいかず、わたしたちの頭のなかの円運動を正すためには、宇宙の調和、宇宙の円運動に倣わねばなりません。わたしたちのうちなる円運動は、移ろいゆくものに倣おうとし、腐敗してゆくからです。その原初の自然本性に倣い、観照する者を観照される者に似させねばならないのです。このように似させることによって、現在から未来にわたって、神々によって人間に設えられている完全性の生が成し遂げられるのです。

プラトンは宇宙の円運動について語ることで、日・月・年のサイクルを考えている。だがそれだけではなく、その象徴体系において〈同〉と〈他〉を結び合わせる観念を考えている。すなわち、同一性と多様性、一性と多性、絶対と相対、純粋な善と悪の混ざった善、霊性的なものと感覚的なもの、超自然的なものと自然的なものといった観念である。星辰は赤道にのみ平行して回っており、太陽は赤道と黄道双方に平行して回っている。同様に、一《いつ》であるが相反する一対では、第二項は第一項に対して対称的ではなく、第一項に相対しつつ従属している。起こりうるあらゆる出来事は、天空と太陽とを組み合わせたふたつの動きがなしている枠組みのなかに、少しもそれを乱すことなく、年に沿って日々を季節に分配する枠組みのなかに組み込まれており、それを乱すことは考えられない。同様に、歓びと苦しみ、もっとも激しい恐怖ともっとも激しい欲望がわたしたちのうちに組み込まれねばならない。それは、わたしたちの魂のうちで、この世界へ向いている部分ともうひとつの世界へ向いている部分とのあいだに打ち立てられた関係のうちに、なんの障害もなく組み込まれねばならない。この関係は、毎秒を満たしてゆく出来事のように、毎秒の流れにたえず永遠の光を灯すようでなければならない。

天に根が埋められている植物という、『ティマイオス』における人間のイメージは、純潔の理論と結びついている。だがプラトンは、どこで論じていたのかはっきりしないように、この理論を著作の各所に散在させているので、ひとがそれに気づくかどうかわたしにはわからない。この植物に神の種子である天の水がかけられ、それが頭のなかに入ってくる。自らの霊性的な部分と知性的な部分をたえず用いて世界の秩序を観照しそれに倣う人においては、神の種子を含めて頭のうちにあるものすべては、天空と星辰と太陽とを回転させる円運動と類似の円運動によって動員される。プラトンはこの神の種子を神の存在と名づけている。この存在は、わたしたちのうちにともに住まい、わたしたちが仕えるべきものである。だが、さほど高い魂の能力を働かせない者では、男女を問わず、頭のうちの円運動が乱れて止まってしまう。そのとき、神の種子は脊髄に沿って降下し、肉欲となる。肉欲は、人間の内面から独立したものであるが、さしあたり理性に耳を貸さない悪魔的な存在であり、暴力によってすべてを支配しようとする。それゆえ、プラトンは『ティマイオス』の終わりで、肉欲について述べるのである。

別言すれば、プラトンは、二十世紀のような悲惨な時代に多くの人々がそう考えるように、神の愛を昇華された肉欲の一形態とみなしていない。そうではなく、肉欲は神への愛が腐敗し堕落したものであるとしている。プラトンが描くイメージには解釈しがたいものが多々あるが、プラトンはこの関係を、単なる霊性的な真理としてだけではなく、生物学的な真理としている。神を愛する人々の腺は神を愛さない人々の腺とは異なる働き方をするとプラトンがみなしているのは疑いようがない。言うまでもなく、神の愛はこの差異の原因であって結果ではない。

この見方は、〈神秘主義〉の宗教から着想を得ている。というのも、純潔と神への愛とのつながりは、エウリピデス〔前四八四頃―前四〇六頃、三大悲劇詩人のひとり〕『ヒッポリュトス』の核となる考えであり、『ヒッポリュトス』はエレウシス教〔デメテルとコレーを奉る密儀宗教〕とオルペウス教から着想を得た悲劇だからである（付け加えるならば、二千年来、ヨーロッパ各国の劇場で上演されている悲劇作品で、この考えを中心的なテーマとしているものはほかにない）。

プラトンが円運動という象徴に託しているものすべてを理解するには、この運動が数と連続の完全な一致であることに着目せねばならない。動点は、ある一点からすぐ隣の一点へと、あたかも直線に沿うように、いかなる不連続性もなく進む。それと同時に、円上の一点に着目するならば、動点はその点を必ず整数回通過する。こうして円運動は、限定と無限定の一致のイメージとなる。『ピレボス』〔「快楽について」の副題をもつ対話篇。16b-17a. cf. 一三八―一三九頁〕でプラトンは、この一致はあらゆる認識の鍵であり、プロメテウスが有限な人間へ贈った贈り物である、と述べている。さらに、この一致がわたしたちの時間という考えをつくり、また、時間が星辰の円運動のイメージであるのも、まったくもって真実である。時間は連続しているが、日と年は整数で数えられる。ここでは、知識人にとっての瞑想のテーマが問題となっているのではない。そうではなく、すべての人にとって真に本質的な事柄が問題となっているのである。もっとも苛酷な責め苦として、真っ暗闇の独房に入れられながら、あるいはその反対に、明るく陽の当たる独房に入れられていながら日時を告げられないという仕方があるのを考えれば足りるであろう。よくよく考えてみるならば、日々がただ連続してゆくことにわたしたちは無上の歓びを見出すであろう。この考えが聖ベネディクトゥス〔四八〇頃―五五〇頃、イタリアの聖人、ベネディクト会創始者〕の時代に生きていたのは疑いえない。修道士の規則は、日々の生業のなかで時間の円環的な性格をいっそう感じさせるものである。ここにも、音楽の美徳の秘訣がある。

ピタゴラス派の人々は、限定と無限定の一致ではなく――このほうがはるかに美しいのだが――限定するものと無限定との一致について述べている。限定するものとは神である。神は、「それ以上遠くに行ってはならない、云々……」〔ヨブ三八・八―一一〕と海に向かって述べる。無限定なるものは、外側から限定を受けないかぎり存在しない。この世に存在するものはすべて、このようにして創造される。すべての物質的な実在のみならず、自らのうちに、あるいは他者のうちにある心理的な実在もすべてそうである。したがって、この世には有限な善と有限な悪しかない。わたしたちがこの世界にあると思い込んでおり、どうしようもなく未来に措定せずにはいられない無限な善と無限な悪は、想像上のものにすぎない。もっとも低俗な者であれ、すべての人間のうちにたえずきざす無限な善への欲望は、対象をこの世界の外にしかもたない。そしてこの善がなくなれば、無限定な悪のみになる。この真理を魂の核の部分で認識するとは、あらゆる魂の運動がこの真理との連関で秩序づけられるように世界の秩序に倣うことである。このとき、魂の無限定なるものにほかならない魂の自然的部分が有するものはすべて、魂のうちなる神によってかならず外側から刻み込まれる限定を受ける。魂は、なすがままの無秩序な情動、快と苦しみ、恐怖と欲望でいっぱいになっている。それは、酷暑の夏や凍てつく冬があり、嵐や旱魃があるのと同様である。だがこれらすべては、絶対的に不変な秩序にたえず結び合わされ、それに属している。

算術的ないし幾何学的な量の諸関係を観照してみると、なんらかの仕方で量に与っているものはすべて、すなわち、物質や空間のみならず、時間のうちにあるものすべてや中途の段階にあるすべてのものも、必然性の鎖によって情け容赦なく限定に従属している。

この観照が豊かな実りを結ぶのは、これらの関係の把握できない配置とそこに見出される驚くべき一致をこう感じるときである。すなわち、知性の面から見ると必然性となる一連のものは、知性のすぐ上の面から見ると美となり、また神との関係から見ると従順となる、と。

必然性は美の一面にすぎず、美のもうひとつの面は善であることを心底理解するならば、そのとき、必然性と感じられているものすべて――困難、苦しみ、痛み、障害など――は、愛を促す根拠となる。見習い修行をしている人が怪我をすると、仕事が身体のうちに入ったのだ、と言われる。このことを理解するならば、同様に、あらゆる苦しみについても、美の本体が身体のうちに入ったのだ、と考えることができよう。

美の本体は神の〈子〉である。というのも、神の〈子〉は〈父〉の似姿《イマージュ》であり、美は善の映し《イマージュ》であるからである。

「ヨブ記」〔旧約聖書の一書。義人ヨブが家族・財産・健康を失うが、絶望的な苦しみのなか神を愛することのうちですべてが回復される物語〕の終わり部分と、アイスキュロスの悲劇でプロメテウスが発するはじめの数行で、苦しみと世界の美の啓示との神秘的なつながりが示されている。

輝ける天空、速い翼をもつ風よ。
おお、河とその源。おお、海と波。
無数の笑い、そして君、万物の母なる大地。
そして、すべてを見渡す太陽よ、わたしはあなた方に訴えかける。
わたしを見てください。

神々がひとりの神を苦しませているのを。

（『縛られたプロメテウス』v.88-92〔cf.一一一頁〕）

美は、言うまでもなく、歓びによってもわたしたちのうちに入ってくる。たとえその歓びがひどく粗野なものであったとしても、無垢であるならば、そうである。

プラトンの『饗宴』〔210d. cf.一四三頁〕には、学問の美は神のイメージである美の本体へと導かれる道程で最高次の諸段階のひとつである、と述べられている箇所がある。さらに『ピレボス』〔31d. cf.一四〇頁〕では、苦しみと歓びをどのように用いればよいかが示されている。このふたつについては、後ほど考察することにしよう。

『ティマイオス』の核となる考えは、わたしたちが生きるこの宇宙の基体であり実体であるものは、愛だということである。宇宙は愛によって創造されたのであり、宇宙の美はこの神の愛のゆるぎない映しであり徴である。それは、完璧な彫像や完璧な歌の美が、真に着想を得た芸術家の魂を満たしている超自然的な愛の映しであるのと同様である。

さらに、あらゆる彫刻家にとっての夢は、その彫像が魂と肉体からなっていることである。神はそれを現実のものとする。神は彫像に魂を与える。そしてこの魂は神自身に等しい。

きわめて稀であるが、真に美しい人に出会うと、あるいは真に美しい歌声を聴くと、この感覚的な美の背後に、もっとも純粋な愛からなる魂がある、と思わざるをえなくなってくる。それがしばしば誤っていて、大きな不幸をもたらすことも多々ある。だが宇宙に関して、それは真実である。世界の美は、完全に美しく欺くことのない表情がその人のもろもろの特徴を映し出すように、世界の魂である愛を語っている。

人間や人間がつくり出す惨めなものやわたしたち自身の魂の醜悪さが遮蔽膜となって世界の美とわたしたちのあいだを遮り、不幸にも世界の美を感じることができない多くの瞬間、いな長い時代さえある。だがわたしたちは、世界の美が存在することをいつでも知ることができる。そして、わたしたちが触れるもの、見るもの、聴くものはすべて、絶対的な愛《エロース》の肉体であり、声である。

繰り返すが、こうした見方にはいかなる汎神論もない。世界の魂は、世界の身体のうちにあるのではない。そうではなく、世界の魂は、身体をうちに含み、身体に浸透し、あらゆる部分から身体を包み込み、世界の魂そのものは時間・空間を超えたところにある。世界の魂はその身体から完全に切り離され、そうして身体を支配している。とはいえ、赤ん坊が母親の微笑や声の抑揚のうちに自分に向けられた愛の徴を見出すように、わたしたちは感性にあらわれる美を通して世界の魂を知覚する。

美に対する感性が、ごく限られた教養ある人々の特権である、と思うのは誤りであろう。そのまったく反対に、美は普遍的に認められる唯一の価値である。街や故郷や国だけではなく、たとえば機械のような思いがけない事物を賞賛するのに、人々はつねに、美に関する語や美に近い語を用いる。教養がある人もそうでない人も、こうした語をむやみに用いて悪趣味になることが往々にしてあるが、それはまた別の問題である。大切なことは、美に関する言葉はあらゆる人々の心に語りかけてくるということである。

『ティマイオス』の第二の考えはこうである。この世界は、神自身である神の愛の鏡であるのと同時に、わたしたちが倣うべきモデルでもあるということだ。というのも、わたしたちもまた、原初にそうであった神の似姿《イマージュ》に還帰しなければならないからである。神の〈ひとり子〉であり世界の秩序を思考する完璧な〈イメージ〉に倣うことによってのみ、わたしたちはそれをなしうる。

観照と模倣の対象として世界の秩序を捉えることで、学問の超自然的使用とは何かが見えてくる。現行の学問の威信や、学問がほとんど文盲に近い人々の思考に占める位置から考えて、今日これほど重要なものはない。数学から社会学に至るまで、あらゆる学問分野は、世界の秩序を対象としている。学問は、普遍的な秩序の観念を除いて、適合ないし厳密に排除されるべき合目的性のあらゆる配慮といった必然性の相のもとでのみ、世界の秩序を考察する。学問が、厳密で、正確で、論証的で、厳格に科学的であればあるほど、世界の秩序の本質的に摂理的な性質が露わになる。摂理のひとつないしいくつかの企図や意図と呼ばれるものは、わたしたちが仮構した想像の産物にすぎない。真に摂理的なもの、摂理そのものとは、あらゆる出来事の織物であり糸目であり、そして、それらの出来事の一面において必然性の情け容赦のない盲目的なメカニズムである、この同じ世界の秩序そのものなのである。というのも、必然性は、愛《エロース》の慎み深い説得によって決定的に打ち負かされているからである。この慎み深い説得が摂理である。このように美とは、強制されることなく、必然性が愛に溢れた叡智に従うことである。美は、個々特殊な目的を排除する。ある詩において、この言葉はこうした効果を生み出すために詩人によって配置された——たとえば、豊かなリズム、畳韻法、鮮明なイメージなどである——と説明できるならば、その詩は二流である。完璧な詩とは、言葉がそこにあって、それが絶対的に適っている、としか言いようのないものである。自分をも含めて、すべての存在者、すべての事物、時間の流れに組み込まれているすべての出来事も同様である。激しく愛する人と長い不在の期間を経て再会し、語りかけられるとき、その言葉のひとつひとつは無限に貴重である。それは、言葉がになう意味のためではない。そうではなく、愛する人のあらわれをひとつひとつの音節のうちに聴くからである。そのときたまたま激しい頭痛に苦しんでいて、ひとつひとつの音が痛みを与えるとしても、痛みを引き起こすその人の声は、その人のあらわれを包み込むものとして、無限に愛しく貴重である。同様に、神を愛する人は、過ぎ去った出来事から善が生ずる、と言いたてる必要はない。なし遂げられたあらゆる出来事はすべて、愛《エロース》そのものの声によって発せられた一音節なのである。

着想が芸術作品の素材を支配するように、摂理が世界を支配する。それゆえ摂理はわたしたちにとっての着想の源泉でもある。木工職人は知性の働きに従ってテーブルを考案し製作するが、それだけである。だが、芸術家の着想の結果生まれる作品は、それを観照する人々の着想の源泉となる。芸術作品を通して芸術家のうちにある愛は、人々の魂のうちに類似の愛を生み出す。こうしてあまねく宇宙に揺るぎない愛《エロース》が働く。

摂理のこのような超越的な見方は『ティマイオス』の本質的な教えである。これはとても深遠な教えで、この教えが人間の思考のうちに降りてくることができるのは、啓示によってのみであると思われる。

『饗宴』註解

プラトン『饗宴』

『饗宴』は、愛《エロース》を、すなわち、愛《エロース》という名の神を主題としている。アリストパネス〔前四四五頃—前三八五頃、喜劇詩人〕のテクストがオルペウス教から着想を得ているのは疑いようがない。このテクストは、愛が世界という卵のなかにある雛の胚珠であり、金の翼をもって孵化することをあきらかにし、愛と世界の魂は同じものであることを示している。したがって、愛とは神の〈子〉である。さらに感慨深いことに、『饗宴』でアリストパネスは演説者のひとりであり、しかもその演説は、もっとも美しいもののひとつとして取り上げられている。とはいえ、〔『雲』での〕ソクラテスに対するアリストパネスの残忍で不正なあざけりが裁判の過程に影響を与えなかったはずはないので、プラトンには、アリストパネスに恨みを懐く深刻な動機があった。それにもかかわらず、プラトンはこの著作にアリストパネスを登場させている。それはひとえに、愛と世界の卵をめぐるこの数行のためにほかならない。他方で、アイスキュロスの『プロメテウス』と『饗宴』をギリシア語で立て続けに読むならば、プラトンの著作にはアイスキュロスの悲劇を示唆するかなりの数にのぼる言葉があることがわかる。それはとくに、悲劇詩人アガトン〔前四四五頃—前四〇〇、三大悲劇詩人の継承者〕の演説において顕著である。さらに、対話の背景をなす饗宴で話題となっているのはつねにワインであり、食べ物が話題になることはまずない。また、酔ったアルキビアデス〔前四五〇頃―前四〇四、政治家〕が最後に登場すること、ソクラテスを終始一貫してディオニュソスの従者であるシーレーノス〔半人半馬の種族、イポタネス〕に比しているることなどから、プラトンがこのテクストをディオニュソスの加護のもとに置こうとしているのはあきらかだ。そして、ディオニュソスとオシリスは同じ神であり、魂の受難、審判、救いを讃える神であり、〈真理〉の神（seigneur）である。

医師、エリュクシマコスの演説

186b 偉大ですばらしいこの神は、人間の事柄にも神々の事柄にも、あらゆるものに働きかけます。

186d-187c もっとも対立し相反しているものは、暑さに対する寒さ、甘さに対する苦さ、湿気に対する乾燥などです。これらのうちに愛との一致を生み出すことを学び、わたしたちの先祖アスクレピオス〔医術の神〕はわたしたちの技芸をつくったのです。したがって、すべての医学は愛《エロース》の神が司っており、体育や農業もそうです。音楽についてもそうであるのは疑いありません。……相反するもの、すなわち高音と低音から始まって、それが均衡のうちに置かれます。音楽の技がもたらすものによって均衡が生まれます。というのも、調和とは音の一致であり、それは均衡だからです。同様に、リズムは遅さと速さから生み出されます。最初は相反していたものが、続いて調和にいたります。

187c 音楽はこれら相反するものに調和をもたらし、医学は別の相反するものに調和をもたらします。こうして、愛と相互的な一致が創造されます。音楽は、調和とリズムの領域における愛の学です。

188b-d さらに、神々と人間とを相互に交流させる、あらゆる犠牲と予言者的な霊感が専心するものはすべて、愛《エロース》に属するものの安全と健康にのみかかわります。というのも、不敬虔が生じるのは、秩序ある愛《エロース》の意に叶うようにしない場合であり、あらゆる行為において愛《エロース》を敬わず、愛《エロース》でないもののほうを、つまり不節制な愛《エロース》のほうを敬うときです。……予言的な霊感がすべきことは、愛を見通し治癒することです。神託は、神々と人間とのあいだに友情を、人間の愛の学によって、正義と不敬虔との関係においてひらきます。

［秩序ある愛《エロース》とは愛《エロース》の神のことであり、不節制な愛《エロース》とは悪魔的な愛のことである］。

188d 節制と正義をもって善のうちに完全性を有する愛《エロース》は、わたしたちにあっても、そして神々にあっても至高の力を有しています。愛《エロース》は、わたしたちのうちに自らを超えたもの、すなわち神々との連帯と友情を可能にし、わたしたちに完全な至福を準備してくれます。

189d

アリストパネスの演説

愛《エロース》は、神々のうちで人間の最愛の友であり、人間を加護し、悪を治癒する医者です。こうした悪の治癒は、人類にとってこの上ない至福です。

ここで愛《エロース》が医者に譬えられているのは、「福音書」でキリストがその使命に譬えられているのと同様である。ここで愛《エロース》は、キリストと同じく、原罪の治癒にかかわっている。原罪が治癒されれば、人間はこの上ない至福に与る。というのも、プラトンのテクストでは、これら数行の直後に罪と罰から解き放たれた人間の原初の至福の物語が続くからである。この物語を解釈せねばならない。

人間はかつて完全な存在であった。ふたつの顔と四本の足をもち、円運動することができた。思い上がった人間は、天に昇ろうとする（これはバベルの塔の話だけではなく、神になろうとしたアダムとエヴァの罪をも思い起こさせる〔創世記三・五〕）。ゼウスは人間を罰しようとしたが、破滅させはしなかった。というのも、破滅させてしまっていたら、神々に対する人間の敬意と崇拝が消失していたはずだからである。

デメテルへのエレウシス讃歌で、デメテルが小麦の生長を止め人間を餓死させると脅したので、ゼウスは譲歩せざるをえなかった。これも同じ理由による。この逸話は、「創世記」〔九・一二〕で神がノアの最初の犠牲以後も人間を生かしておくことにした、という話を思い起こさせる。このように、人間がその凡庸さと傲慢さにもかかわらずその存在を許されているのは、神が人間から愛されるのを欲していくからにほかならない。このことは、はっきりと示されている。犠牲は人間の唯一の目的である。神が人間にその存在を許すのは、神への愛のために、人間がその存在を放棄できるようにするためである。

ゼウスは人間を罰しようとした。だが破滅させはせず、人間をふたつに切断した。昔の人々は実際に、輪や硬貨などをふたつに切断し、半分を友人に与え、半分を自らのもとに置くことを頻繁におこなっていた。何世代にもわたって半分ずつ保管し、ふたりの子孫が何世紀も経て互いを承認し合うことができたのである。

こうした承認の徴が象徴（symbole）と呼ばれている。これが象徴という語の原義である。とすると、プラトンが述べているように〔191d〕、わたしたちはひとりの人間ではなく、ひとりの人間の象徴であり、照応する象徴、つまり、もう片方を探していることになる。この探求こそが愛《エロース》にほかならない。したがって、わたしたちのうちなる愛《エロース》は、自らが根源的に不完全であるという感情であり、原罪に由来し、充溢した状態に戻りたいという存在の根源から発する欲望である。それゆえ愛《エロース》とは、わたしたちがそもそも有している、悪を治癒する医者である。どのようにして自らのうちに愛を生み出せばよいのか、と問う必要はない。愛はわたしたちの誕生から死に至るまで、飢えのように抗し難いものとしてわたしたちのうちにある。愛をどのように傾ければよいか、ということを知れば足りる。

肉欲は、この充溢への飢えが頽落した一形態である。それは、両性具有《アンドロギュノス》である片割れの男女にあらわれる。完全な男ないし完全な女である片割れにはあらわれない。こうしてみると、原初の状態にはそもそも性差があったのではないかと思わせかねないが、プラトンも述べているように、この状態では性の結合はなかったし、生殖は別の仕方でなされていた。プラトンは、この状態を性差なしであらわそうとしている。ふたつの顔をもち、四本の足をもつ丸い存在を、男性・女性・両性具有の三種類に分けるのは、ただ単に語り口の問題にすぎない。プラトンは、もっとも低い欲望に傾く人々を、両性具有者の出だと呼んでいる。プラトンはこうはっきり述べている。「わたしたちが両性具有と名づけた者の片割れは、女性を愛します。そして不貞を働くのは、ほとんどが両性具有です。同様に、男性を愛して不貞を働く女性の片割れもまた、もともと両性具有だったのです」〔191e〕。プラトンは、完全な男性の片割れである人々について語ることで、純潔を保つことができる人々について語ろうとしている。このこともまた、こうはっきりと述べられている。「性の快楽の交換でひとつになり、激しい享楽に与れるとは思えないでしょう」〔192c〕。女性についても同様である。

　このアリストパネスの議論はどれも曖昧だが、これはあきらかに意図的な曖昧さである。だが本質的な考えはあきらかにこうである。わたしたちの召命は一性《いっせい》である。わたしたちの不幸は二元性の状態にあることだ。不幸は、傲慢と不正義という原初の穢《けが》れによる。性差は、わたしたちの本質的な欠陥であるこの二元性の感覚的なイメージにすぎない。肉的結合は誤った救いのあらわれである。だが、二元性を超え出たいという欲望は、わたしたちのうちなる愛《エロース》の表徴である。愛《エロース》の神だけがこの二元性から至高善である一性《いっせい》へと導いてくれるであろう。この一性とは何なのか。ふたりの人間の結合でないのはあきらかだ。わたしたちの不幸である二元性は、愛する人と愛される人、認識する人と認識される人、行為の内実と行為する人が分離しているということだ。それは主体と客体の分離である。一性とは、主体と客体が唯一無二であり、自らを認識し、自らを愛する者の状態である。だがこの状態にあるのは神だけである。わたしたちは、神へと自らの愛を働かせ、神に倣うことによってのみ、この状態に与ることができる。

191d したがって、わたしたちそれぞれがヒラメのようにふたつに切られた、ひとりの人間の「象徴」であり、それぞれが自らに合う「象徴」を絶え間なく探し求めているのです。

192c-d そして、一緒に人生を送る人々は、互いに何を求めているのかを言いえないでしょう。というのも、それぞれの魂が求めているものは、ひとつになろうとして激しい歓びをともにする性の快楽の交換ではなく、言葉にできない何か別のものであり、神託や謎かけのように、求めているとしか言いあらわせないものだということを、誰しも知っているからです。

192d-193a ヘパイストス〔火と鍛冶の神〕がこう尋ねたとしましょう。

あなたたちが望んでいるのは、夜も昼もなく、互いがわかち難くなるまで絶対的にひとつになっていることなのでしょうか。もしそうであるならば、ふたつでありながらひとつであるように、そうして生涯にわたってひとつになって一緒の生活が送れるように、あなたたちを溶かしてひとつにしましょう。そうしてもし死んだなら、あの世というもうひとつの世界でも、死においてもふたつではなくひとつのままであることでしょう。この話を聞いて、反駁する人がいないのをわたしたちは知っていますし、誰しもがあきらかにそれ以外のものを望んではいないでしょうし、ふたつではなくひとつになりたいと、愛する人とひとつになってくっついていたいとずっと以前から自分が望んでいたのを奇跡的に聞いたと思うでしょう。というのも、わたしたちは本来このようなものであるからです。わたしたちは、かつて完全な状態にありました。完全性への欲望とその追求が、愛という名で呼ばれているものです。そして、そもそもわたしたちは一性だったと言いましょう。わたしたちの不正義のために、いまわたしたちは神によってふたつに分断されているのです。

193a-d

すべての人間はそれぞれ、神々に対して畏敬の念を払うよう努めねばなりません。……愛《エロース》を主導者とする闘いで善を勝ち取るには、誰しも愛《エロース》に不従順であってはなりません。愛《エロース》に不従順である人はすべて、神を憎む人々です。というのも、神の友となり、神と和解するならば、わたしたちはそれぞれ自らの愛の対象を手に入れるからです。……あらゆる男女にこう言いましょう。こうしてわたしたちそれぞれが愛を成就し、原初の本質に立ち返り、愛の対象を手に入れるならば、人類は幸福になるでしょう。この世に至高の幸福があるならば、当然ながら、それはこうした状態にあたうかぎり近づくことです。それぞれが精神の核となる愛の対象を手に入れます。自らのうちでこの働きをなす神を讃えるとは、とりもなおさず愛《エロース》を讃えることです。愛《エロース》は、本来あるべきところにわたしたちを向かわせ、なにより、実際に役立つものであり、また、未来にわたって希望の充溢を与えるものです。神々に畏敬の念を払うことで愛《エロース》がわたしたち本来の本質に与える希望は、わたしたちを治癒し、至福と恍惚のうちに置いてくれるでしょう。

これら数行で描かれているのは、性愛のみならず、いわゆるプラトニック・ラブも友情も、高次の段階に至れば、人が魂の奥底から渇望する原初の一性たる完全性のイメージにほかならない、ということである。実際へパイストスは、プラトンがしばしば述べたとされている話を誰にも話していない〔192d-e〕。ここで言われているように、ひとりの人間がひとりの人間とわかちがたく結びつくことはできない。そうしうるのは神だけである。〔原初そうであったように〕ふたたび神の友になることによってのみ、人間は死後、もうひとつの世界で必要とされている一性と完全性を手に入れることを望むことができる。

プラトンは、その神話でけっしてすべてを語ってはいない。だから、神話を敷衍することは恣意的な解釈をすることではない。むしろ、敷衍しないほうが恣意的な解釈をすることになろう。神話のひとつでプラトンはこう述べている。完全な人間がふたつに切断され、身体の前面が切断面となっていたので、ゼウスはアポロンに命じて向きを変えさせ、前面に顔と感覚器官と生殖器官を置いた〔『饗宴』190e-191a〕。この隠喩を敷衍してみると、完全性への還帰の過程では、いずれもいわば内側から完全な状態になる、と想像するのが自然である。別の言い方をするならば、完全な状態とは、プラトンが『ティマイオス』で世界の魂について述べているように、「自らによって自らが十全に認識され、愛される」〔34d〕ことであり、主体であるのと同時に客体であるということである。そうした状態を指して、プラトンはこう述べている。愛するものは愛されるものと同一であり、この同一の存在は主体であるのと同時に客体でもある。さもなくば愛は消失してしまい、一切の至福は失われてしまうであろう。言うまでもなく、この完全性は神だけのものである。そして人間は、愛によって神とひとつになることなしに、この状態に与ることはできない。プラトンの神話が示しているのは、至福の永遠性において愛によって到達される完全性は、罪のために失った永遠性よりも高い段階にある、ということである。それゆえこのとき罪は、カトリックの典礼が述べているように、「幸いなる過誤」となる。

ここでこれ以上ないというほどはっきりとプラトンが示しているのは、愛《エロース》と名づけられている神が贖いの神だということである。

愛《エロース》とプロメテウスとの類比は、アリストパネスの演説で、「人間の最愛の友」〔189d〕という形容辞によってはじめてあらわれる。その悲劇作品でアイスキュロスは、しばしばこう語っている。プロメテウスは人間の友であり、死すべき運命にある人間を愛しすぎ、人間を敬いすぎたのだ、と（後述の引用〔一一一—一二〇頁〕を参照）。プロメテウスよりも人間に親しい友を見出すことはできない。愛《エロース》とプロメテウスが同じ神のふたつの名でなければ、愛《エロース》に付せられた〔「最愛の」という〕最上級は正しくないことになってしまう。もうひとつの類比は、愛《エロース》と人間に対するゼウスの怒りとの連関のうちに見られる。アリストパネスはこう述べている〔190c〕。ゼウスは人類を完全に滅亡させようと考えるが、宗教まではなくしてしまいたくなかったので、それを断念する。その代わりにゼウスは人類に悪を課し、愛《エロース》を悪の治癒にあたる医者とする。アイスキュロスの悲劇では、ゼウスが人類を滅亡させようとする。だが、方法については述べられていないものの、プロメテウスがそれを阻止し、実現はしない。こうして、人類を罰する代わりに、ゼウスはプロメテウスを苦しませる。

このふたつの神話が同一のものだとは考えにくいかもしれないが、類似していないわけではない。ともかくわたしたちがなすべきことは、このふたつの神話やこれらに類似した神話を、物語としてではなく、象徴として読み解くことである。ある側面から解釈してみた場合に、別々の神話が同一の真理を照らし出すように読み解かねばならない。

悲劇詩人アガトンの演説

195a わたしはこう主張します。神々のなかで、愛《エロース》はもっとも幸福で、もっとも美しく、もっとも完璧です。

したがって、愛《エロース》はゼウスに等しい。ここで用いられている「もっとも」という最上級は他と比べての最上級だが、絶対的な最上級と考える必要がある。というのも、プラトンには未成熟な多神論は存在しないからである。

195e-196b 愛《エロース》は硬いものの上を歩まず、柔らかいものの上を歩みます……。というのも、愛《エロース》が居を構えるのは、神々や人間の心と魂の内部にかぎられ、すべてのものの魂の内部ではないからです。性格が硬い魂に出会うと、愛《エロース》は立ち去ってしまいます。しかし、性格が柔らかい魂に出会うと、愛《エロース》はそこに居を構えます。……したがって愛《エロース》は、とても若く、とても華奢で、さらに、その実体が流体のようなものです。もしそうでなければ、隅々まで魂全体を貫いて浸透してゆくことはできないからです。もし愛《エロース》が頑なになっていたら、そもそも出入りの際に気づかれないはずがないからです。

愛《エロース》が本来的に均衡と流動性を有している確たる証拠は、その形姿の美しさ、万人が認める比類のない美しさです。というのも、醜さと愛《エロース》のあいだには不断の闘いがあるからです。愛《エロース》の表情が美しいのは、いつも花々のあいだに住まっているからです。というのも、愛《エロース》は、もとより花のない身体や魂、自らの花を失った身体や魂等々の上にはとどまらず、花と香りで彩られた場所ならどこにでもとどまるからです。まさしくそうしたところにこそ愛《エロース》はとどまり、居を構えるのです。

ここで愛《エロース》は、子どもの神としてあらわされている。それは、ある種の伝統に従っている。もう数行後でアガトンは、最初の演説者であるパイドロスを批判する。オルペウス教やヘシオドス〔前八世紀頃の叙事詩人〕やパルメニデス〔前五一五頃—前四四五頃、哲学者、エレア学派の祖〕の権威に依りながら、愛《エロース》が神々のうちで最初の、そしてもっとも年老いた神であると、パイドロスが述べているからである〔195b-c〕。愛《エロース》はもっとも若い、とアガトンは主張する。ふたつの主張は相反しているが、両者とも正しいと解すべきである。愛《エロース》は絶対的に年老いており、なおかつ絶対的に若いのである。

アガトンは、議論の呼び水としてヘシオドスの『神統記』で述べられている神々の闘いの話をする。アガトンは、神々に平和をもたらす愛《エロース》がいなければ、神々の闘いはなかったであろうと述べている。

195c ……しかし、愛《エロース》が神々を統治して以来、今日のように友情と平和がもたらされたのでしょう(φιλία《ピリア》 καὶ《カイ》 εἰρήνη《エイレーネー》 〈ἦν《エーン》〉, ὥσπερ《ホースペル》 νῦν《ニューン》, ἐξ οὗ《エクスフー》 Ἔρως《エロース》 τῶν《トーン》 θεῶν《テオーン》 βασιλεύει《バシレウエイ》)。

プラトンはその著作のどこにおいても、ヘシオドスの『神統記』に重きを置くことはないので、わたしたちはこうした議論にすぐさま関心をひかれない。だがアイスキュロスの悲劇でプロメテウスはゼウスとティタン族〔ウラノスとガイアのあいだに生まれた一二の神々の兄弟姉妹〕の争いを終わらせ、ゼウスを王位に据える。プロメテウスはこうも述べている。「わたし以外のいったい誰が、新たな神々にその特権を定めたのだろう?」〔『縛られたプロメテウス』v.439-440. cf. 一一六頁〕。またアガトンはもっと先で、愛《エロース》がそれぞれの神にそれぞれの働きをするよう教え諭した、と述べている。注目すべきは、ここでアガトンが愛《エロース》を神々の王と名づけ、愛《エロース》をゼウスと同一のものとみなしていることである。これは、プラトンがどうしても示したかったと思われる類似、すなわちプロメテウスとの類似に反している。だがそれは見かけ上のことにすぎない。

プラトンが語る愛《エロース》の流動性は、はじめは気づかれないまま、やがて魂全体を満たしてゆく。それは、「福音書」で、天国がパン種や芥子《からし》種や塩などに譬えられているのに比せられる〔cf.七頁〕。大切なのはつねに、自然のうちなる超自然が、いつでも無限に小さくなおかつ無限に活力に富んでいるという中心的となる考え方である。

形姿の美しさや均整は流動性と関わりをもつ、とプラトンが述べているのは注目に値する。それは、一見読者に周知とされている単純な理論を示唆している。その理論は、ペイディアス〔前四九〇―前四三〇、彫刻家〕以前のギリシア彫刻の比類なき美しさを説明するものである。彫像は、石の実体が衣服の襞に添って流れ、次いで完璧な均整において固まる、そうした流動性をもつものとしてつくられている。流動性は均整によって不動となるので、流動性と均整は類似している。その一方で、固体は一貫して不動性を保っている。こうして、流動的なものは完璧な均衡を保つ。これは、アルキメデス〔前二八七頃─前二一二頃、数学・物理・天文学者〕が証明したことである。他方で、均整とは比例のことである。これもまた、アルキメデスが証明したところである。プラトンは、この節や他の節で、今日アルキメデスの原理として知られている力学理論、つまり、厳密に幾何学的な説明がこの時代すでに知られていたことを示しているようである。これは当然のことでさえある。ギリシア人にとって、均整と美はわかちがたいものであった。それゆえ、流動的なものはいつでもどこでも美しかったのである。したがって、プラトンのこれら数行と、ギリシアの影像を引き合いにした美と均整とが驚くほど照応しているのみならず、この時代、芸術が、着想ばかりでなく、最内奥の秘技においても、どれほど宗教と哲学に密着していたのか、そして、宗教と哲学を介して科学に密着していたのかが知られよう。宗教が切実に内在化されるべき今日、芸術と、哲学、宗教、科学との一致は見失われている。この一致をもう一度見出さねばならない。

愛《エロース》と花々に関する数行は、「わたしの愛《エロース》する人はユリのなかで育まれます」〔二・一六〕という「雅歌」の一節を思い起こさせる。

196b-c 最重要なことは、愛《エロース》が神々のうちにあっても人間のうちにあっても、不正義を働かず、不正義をこうむらないということです。というのも、愛《エロース》のもとに苦しみが訪れようとも、愛《エロース》は力によって苦しむことはないからです。愛《エロース》に力は到達しません。そして愛《エロース》が働きかけるとき、愛《エロース》は力によって働きかけることはありません。というのも、誰しもみな、あらゆる点で愛《エロース》に従順であることに同意するからです。互いの同意によってなされた一致は、「王国」の法によっており、正義なるものです。

これら数行は、おそらくプラトンのなかでもっとも美しいものである。ここに、全ギリシア思想の中心、完全に純粋で眩いばかりの核がある。力は、人間の魂のあらゆる自然的部分、魂が内包するあらゆる思考や感情を含めた自然本性すべてにわたって絶対的な権限を有している。だが、力は同時に、絶対的に軽蔑すべきものでもある。こうみなしたのは、ギリシアの偉大さにほかならない。今日、何にもまして力に敬意を払う人々が多く見られる。力に力という名を与えるにせよ、もっと耳ざわりのいい名を与えるにせよ、そうである。だがその一方で、きわめて減っているとはいえ、力を軽蔑する人々も多くいる。その人たちは、力の効用と威力を見ないようにしているのである。力について知ろうとしないよう自らを偽っているのである。そうではなく、力の帝国がどれほどの威力を備えているかを知りながら力を軽蔑することがはたしてできるのであろうか？（アラビアの自由主義者、T・E・ロレンス〔一八八八―一九三五、イギリスの考古学者・軍人。日本では「アラビアのロレンス」で知られる〕はこうした人であったが、亡くなってしまった）。おそらく聖性にきわめて近いキリスト教徒の幾人かはこうした人々だったであろうが、それはほんの少数にすぎないであろう。だが、力の威力を知りながら力を軽蔑するというこの二重の認識は、おそらくもっとも純粋な神への愛の源泉となろう。というのも、自然におけるすべては、心理的な自然本性をも含めて、重力のように情け容赦なく、有無を言わさずに下方へ向かう力に従属しているからである。そして抽象的にではなく、魂すべてを挙げてこれを知ることで、魂は――独房の窓に寄り添う囚人のように、あるいはまた、光の方角に向かおうとビンの縁に貼り付くハエのように――、祈りへと向かうからである。「この権能はわたしに委ねられています」〔ルカ四・六〕という「福音書」における悪魔の言葉と、「天にいますわたしたちの父」〔「主の祈り」、ヨハネ一七・一―二六、など〕という〔イエス・キリストの〕言葉のあいだには相関関係がある。

力についてのこの二重の認識は、ギリシア全体にあまねく行き渡っていたわけではない。だが、少なくともギリシアの良き時代には、文明全体に浸透し、かなり広まっていた。この認識は、なによりもまず、『イーリアス』の詩の着想であり、そのほぼ全篇を照らし出しているものである。ギリシア悲劇および歴史家たち、哲学の大半もまた同様である。

この二重の認識にはもうひとつ別の側面がある。今日、暴力の席巻を目の前にして、暴力を行使する人に共感をおぼえる人々もいれば、暴力を堪え忍ぶ人に共感をおぼえる人々もいる。いずれの態度も卑怯である。『イーリアス』を書いた詩人ないし詩人たちをはじめとするギリシアにおける最良の人々は、力を行使する者ないし力を堪え忍ぶ者がみな等しく、同様に下劣な力の帝国に従属しているということを知悉していた。力を操るにせよ、力で傷つくにせよ、力との接触は人間を硬直させ、人間をモノに変えてしまう〔ヴェイユの論考「イーリアスあるいは力の詩篇」の主題〕。その接触を免れている者だけが善の名に値する。しかし神だけが力との接触を免れている。そして、愛によって神のうちに自らの魂の一部をひそやかに移している人々も、そうである。

力をこう捉えることによってはじめて、力の帝国に浸りきっているあらゆる人々に、同じ共感を等しく注ぐことができる。こうして万人に雨と陽光を等しく降り注ぐ天なる父の公平性に倣うことができる〔マタイ五・四五〕。アイスキュロスは、この公平性を言いあらわすのに、すばらしい言葉を用いている。ゼウスのことを、「双方に身を傾けるゼウス（Ζεὺς ἑτερορρεπής《ゼウス ヘテロレペース》）」（『嘆願する女たち』v.403〔cf.一三〇頁〕）と呼んでいるのである。

プラトンはこの節で、力との接触を完全に免れているものだけが正義である、とあたうかぎり力強く主張している。ところで、人間の魂の能力のうちには、力の行使を強いられるでもなく、また、力の行使を妨げられるでもなく、力が触れえない能力がただひとつだけある。それは、善に同意する能力であり、超自然的な愛の力である。それは、どんな種類のどんな暴力をも発生させえない、ただひとつの魂の能力である。したがってそれは、人間の魂におけるただひとつの正義の原理である。類比的に考えると、神の正義の原理であると考えざるをえない。だが神は完全な正義であるので、神は愛《エロース》にほかならない。

しかし、神そのものであるこの愛《エロース》は、神であるがゆえに影響を及ぼす。だがそれは、同意が得られた場合に限られる。こうして、愛《エロース》は人間の魂に働きかけ、そしてまた物質にも働きかける。なぜなら、『ティマイオス』によれば、「必然性は、思慮深い説得によって打ち負かされる」〔48a. cf.三四頁〕からである。

さらに驚くべきは、あらゆる神々の王であり、至高の神である神が、影響を及ぼすだけではなく、この神が堪え忍ぶということである。πάσχειν《パスケイン》には、変容させられる、堪え忍ぶ、苦しむという三つの意味がある。πάθημα《パテーマ》は πάσχειν《パスケイン》から派生したギリシア語で、受難の意に用いられている。愛《エロース》は、変容させられ、堪え忍び、苦しむ。だがそれは、強制によってではない。したがって、同意によってである。

ここでふたたび、『プロメテウス』について考察してみよう。ἑκὼν《ヘコーン》という言葉は、同意を意味する。この言葉でプラトンは、愛《エロース》にしかなしえないこの完全な正義を言いあらわしている。アイスキュロスの悲劇でもこの言葉が強調されて、あるいは類義語に置き換えられて、繰り返し用いられている。プロメテウスは、ティタン族に対抗してゼウスの側に寄ろうとする（ἑκόνθ᾽《ヘコント》 ἑκόντι《ヘコーンティ》）（v.218）。自発的にそこへ行き、自発的に迎えられる。後に自分に不幸をもたらす行為に自発的に同意し、それをなし遂げる。「わたしの過ちは自発的なものだった（ἑκὼν《ヘコーン》 ἑκὼν《ヘコーン》 ἥμαρτον《ヘーマルトン》）」（v.266）。プロメテウスは不幸であるが、鎖に縛られているあいだ、ゼウスの意のままにはならない。そうなるのはひとたび自由になってからである。とはいえ、ゼウスとの和解はやってくる。字義通りにざっと物語を読むならば、プロメテウスが自由を得るのは、ゼウスが無理やり脅された結果のように思われるかもしれない。だが実は、友情が、すなわち、両者によって同意された自発的な和解があるのだ。「彼はいつの日かここでわたしとひとつになることを、そしてわたしと友情を結ぶことを強く望むでしょう。そしてわたしもまたそうなることを強く望むことになるでしょう（εἰς《エイス》 ἀρθμὸν《アルトゥモン》 ἐμοὶ《エモイ》 καὶ《カイ》 φιλότητα《ピロテータ》 σπεύδων《スペウドーン》 σπεύδοντι《スペウドンティ》 ποθ᾽《ポトゥ》 ἥξει《ヘークセイ》）」（v.190）。後ほどもっと広範な引用をすることにしよう〔一一三―一一四頁〕。

完全な正義であるこの愛《エロース》は、相互の同意によってのみ働き、堪え忍ぶ。この愛《エロース》は、『国家』における完全なる正義の人をも思い起こさせる。この正義の人とは、あらゆる点で絶対的な、天の向こう側に住まう正義の神ディケスである。この神はつねに鎖でつながれ、鞭打たれ、十字架に架けられている（後の引用を参照〔九〇―九二頁〕）。

このことは、結局のところ、ひたすらこの愛《エロース》のことを考えさせる。愛《エロース》は神であるにもかかわらず苦しんでいる。だが力によって苦しむのではない。愛《エロース》はキリストである。

磔刑の責め苦で死にいたらしめられたひとりの人間は、完全なる正義の人であった。ヘシオドスが想起させる伝統によれば、永遠に磔刑に処せられているのは、不死なる神プロメテウスである〔『神統記』v.616〕。この両者を同一視するならば、キリストの犠牲の二重性を類比的に捉えることができよう。キリストの犠牲はひとたび捧げられた後、世の終わりまでミサで永遠に繰り返される。

完全なる正義の人、プロメテウス、ディオニュソス、世界の魂——これらと愛《エロース》は密接な関係にあるので、これらすべての名において、ただひとつの同じペルソナである神のひとり子があらわれ出る。さらに、アポロン、アルテミス〔狩猟と月の神〕、天なるアフロディテ〔美と愛と豊穣の女神〕など多くが付け加えられよう。

これらの一致を真摯に捉えようとすれば、「福音書」の記述の歴史性を否定せざるをえない。だがこれらの一致は、信仰を侵害することなく、その反対に、信仰を驚異的に強める。これらの一致は、不可欠なものでさえある。神は、その善意を働かせるために、わたしたちの祈りを必要としている。神は、わたしたちに結び合わされることを望んだのである。これは、とりわけ聖人伝がはっきりと示しているのをはじめ、いたるところに見られる。神は、わたしたちが乞い願うより、はるかに多くのものを与えることができる。というのも、乞い願っているさなか、その願いが孕んでいる善の充溢を人はまだ知らないからである。だが、最初に恩寵を呼びかけた後には、乞い願わない者に神が与えることはない。世界が乞い願わなかったとしたなら、どうして神はそのひとり子を世界に送ったりしたであろうか。神と人間とのこの対話は、歴史をかぎりなく美しいものにしている。この対話をあきらかにするならば、今日キリスト教に新たな注意を向けさせるために知識人が必要としている衝撃を与えることができよう。

知識人にこう問いかけてもよかろう。「この驚くべき古代文明を生み出したものは、心の奥底から崇められるその芸術、その時代に完璧に創造され、今日まで受け継がれている科学、今日の世論を反映している都市の観念等々を有している。この文明を生み出したものとは、何世紀にもわたるその泉への渇望である。その泉はついに湧き出たのである。だが、今日あなたたちは目を向けようともしていない」、と。

愛《エロース》の神が正義の完全なモデルであるならば、そしてそれは愛《エロース》があらゆる力との接触を逃れているからであるならば、人間もまた、力との接触を逃れている場合にのみ正義であり、愛によってのみそれが可能となろう。人間は愛によって愛《エロース》に倣うが、愛《エロース》は同意することなしにけっして何事にも苦しまない。人間もまた、そうあることができる。人間は、神によって創造された世界の秩序を愛することで、いついかなる時も、何の例外もなく、さまざまな出来事がもたらすあらゆる傷に、全身全霊を挙げて同意しさえすればよいのである。魂の内奥から発語されるこの無条件の「はい（oui）」は、沈黙にほかならない。それは、力と接触するどんな危険性をも完全に逃れてゆく。魂のうちなる他の何ものも、力との接触を逃れられない。この方法は単純で、ただひとつしかない。それは運命愛（*amor fati*）であり、すぐれてキリスト教的な徳である従順の徳である。この「はい」は、完全に無条件なものでなければ効力がない。たとえ無意識下であれ、わずかでも躊躇があれば、この徳の効力はなくなってしまう。この「はい」が無条件なものであれば、実際に天のうちに、〈父〉の御胸のうちに、「はい」と発語する魂の部分が移し入れられる。それは翼である。

愛《エロース》の神に倣うためには、けっして力を行使してもならない。わたしたちは肉体をもち、必然性のうちにとり込まれている。それゆえ、主人が部下に対するように、あるいは兵士が敵に対するように——歯車の一部となっているメカニズムの暴力性を伝えてゆくという厳密な義務を強いられることがあるかもしれない。厳密な義務を遂行しようとする決断は、往々にしてきわめて困難で、重苦しく、不安をかきたてる。だが、他者に対する強制も、自らに対する強制も、厳密な義務以上には寸毫たりともふるわない、という規則に従うのは難しいことではない。いわゆる強制のみならず、圧力、雄弁、心理的な発奮を誘発する説得など、隠れたかたちでの強制も同様である。他人にも自らにも、厳密な義務以上にいかなる強制もふるわず、たとえ善と幸福のためだとしても、いかなる権能や威信も希《こいねが》わない、ということもまた従順の徳である。ひとりの人間のうちなる厳密な義務より善なるもの、うちなる神のイメージ、より正確には、神へ向かう欲望の方向性は、自らに対して、そして自らに近づく人々に対して、霊感のように、光線によってひたすら働きかけられねばならない。神の愛《エロース》はこのようにして働く。わたしたちが倣うべきなのはこの愛《エロース》である。

196c 愛《エロース》は、正義に加え、さらに節制という最高段階の徳を有しています。というのも、誰しもが節制を快楽や欲望を制するものと定めており、また、愛《エロース》よりも強烈な快楽はない、と述べているからです。快楽や欲望が愛《エロース》よりも強烈でないならば、それらは愛《エロース》によって支配されますし、愛《エロース》のほうはそれらを支配します。もし愛《エロース》が快楽と欲望を制する者であるならば、それは何にもまして節制を有することになります。

これら数行もまた、驚くほど深い。わたしたちは快楽によってのみ陶酔する。快楽は、それへと向かわしめる欲望を満たす。欲望を超えて、欲望が溢れ出るほどまでに満たす。陶酔し、満悦し、それからほとんど嫌悪のような不快が訪れ、また新たな欲望が芽生えてくる。だが愛《エロース》は、本質的で無限で絶対的な欲望であり、どんな歓びも溢れ出るほどまでに満たすことはできない。神のうちでさえ、かぎりなく満ちてゆく無限なる歓びと、無限に飽くことのない愛《エロース》の欲望が共存している。翻ってわたしたちが有している無限なるものは、愛《エロース》というこの主たる欲望のみである。わたしたちの歓びは有限である。そしてうちなる愛《エロース》の欲望は、歓びが湧き上がるにつれ、それを消尽してしまう。不節制から逃れられないのは、もう少し大きな歓びがあれば満足が得られるだろう、という誤った思い込みがあるためである。アマーン〔イスラム教で敵に対して与える生命と財産を保証する通行券〕を放棄し、それを求めるためにけっして満たされることのない真空を自らのうちに保持するならば、節制の完全性を手に入れることになる。

とはいえ、節制（retenue）という語は、節操（tempérance）と同じく、σωφροσύνη《ソープロシュネー》の訳語としては不十分である。この術語は、節制よりもはるかに力強く、はるかに美しい。この言葉は、エウリピデスの『ヒッポリュトス』で処女の完全な純潔をあらわすのに頻繁に用いられているものである。純粋性（pureté）と訳したほうが、おそらくよりいっそうよいであろう。

196d さらにまた、勇気に関しては、アレス〔軍神〕でさえも愛《エロース》に抗することができません。というのも、アレスが愛《エロース》を捉えるのではなく、アフロディテ〔愛《エロース》の母ともされる〕の愛《エロース》がアレスを捉えると言われているからです。捉える者は捉えられる者よりも強いのです。支配する者、万人のなかの最勇者は、絶対的な勇者でなければなりません。

この節で述べられているのはとるに足らないことのようだが、それは見かけ上にすぎない。はっきりしているのは、アレスは愛《エロース》を捉えない、ということである。なぜなら、力は愛《エロース》に到達しないからである。愛《エロース》がアレスを捉えるのである。すなわち、戦士の勇敢さ（さらに、勇敢さと類似するあらゆる形態も）は、それを喚起する愛を必要とするのである。低次の愛は低次の勇気を喚起し、絶対的に純粋な愛は絶対的に純粋な勇気を喚起する。だが愛がなければ、臆病と卑劣に陥る。愛はけっして力をふるわず、剣を握らない。とはいえ、愛は剣を握る人々が自らの徳を汲みとる泉となる。愛は、自らのうちに、その卓越した形態で、この勇気という徳を有している。愛は、自らのうちに、勇敢から武器をもつ力の暴力性を取り除いたものを有している。戦士以上に戦争の価値を知悉していなければ、どのようにして愛に倣ったらよいのか、わからないだろう。だがそれは、戦闘的になる、ということではない。

196d-197c 叡智に関して言い残したことがあります。……愛《エロース》は、他の者を詩人にするほど詩に造詣が深いのです。というのも、愛《エロース》に触れられた人は誰しも、たとえそれ以前にはまったくムーサ〔文芸を司る女神たち〕に与っていなくとも、詩人となるからです。この詩人という一語で、愛《エロース》が音楽とかかわるあらゆる芸術創造に関する優れた芸術家であることがわかります。というのも、もっていないものや知らないものを、与えたり教えたりできる者はいないからです。そして、生きとし生けるものを生み出すことに関して、愛《エロース》の叡智からすべてが生じ成長する、ということに反駁できる人は誰もいないでしょう。さらに、芸術や技術の実践に関しては、この神の教えはどれも賞賛に値し、光り輝いており、その手が触れぬものは暗闇のなかにあるということを知らないことがありましょうか。アポロンは、弓術、医術、卜占術を発明しました。なぜなら、欲望と愛がアポロンを導いて、この神もまた愛《エロース》の弟子となったからです。ムーサの女神たちは音楽において、ヘパイストスは鍛冶において、アテナ〔知恵・芸術・工芸・戦略を司る女神〕は機織りにおいて、そして、ゼウスは神々と人間の統治において、愛《エロース》の弟子なのです。このように、愛《エロース》が誕生したときに、神々に関することが秩序立てられました。愛《エロース》は醜悪さを追い求めません。それゆえ、愛《エロース》とは美への愛《エロース》にほかなりません。冒頭で述べましたように、以前は神々のあいだで残虐なことが数多く起こっていました。なぜなら、神々は必然性の神アナンケの支配下にあったからです。ところが愛《エロース》の神があらわれると、美への欲望が神々にも人間にも、あらゆる善を生じさせたのです。こうして愛《エロース》は、自らがまずは絶対的に美しく完璧な者としてあり、ついで、他も同じ資質に与れるように図ったと思われます。

これまでに四つの徳が取り上げられていることを考慮すると〔196b-e〕、プラトンは、正義、節制、勇気、叡知の四徳は自然的なものではない、と考えていたのであろう。超自然的な愛《エロース》はこれらの徳が湧き出る霊感となり、直接的な泉となり、これらの徳は自らを超えたところからやってくる。知性が創造的であるところでは――真の詩や技芸においてそうであるように――知性が真に新しい発見をするならば、そのとき知性は超自然的な愛からじかに生じてくる。ここに核となる真理がある。知性がその効力を十全に発揮するようエネルギーを注ぎ込むのは、自然的な能力や天賦の才能ではない。ましてや努力や意志や勉励といったものでもない。それは欲望、すなわち美への欲望のみである。美への欲望は、ある一定の強さと純粋さからは天才と同じものである。すべての段階で、美への欲望は注意力と同じものである。このことが理解されるならば、現行とはまったく別の教育が思い描かれるであろう。なによりもまず、知性は歓びのなかでしか開花しない、ということが理解されよう。知性はおそらく、わたしたちの能力のうちにあって、歓びが欠かせない唯一の能力であろう。歓びがなければ、知性は窒息してしまう。

いかなる場合でも愛《エロース》はあらゆる技芸の師であると言われているこれら数行は、それに先立つすべてにもまして、愛《エロース》をプロメテウスに近づける。アイスキュロスの作品〔『縛られたプロメテウス』〕で、「すべての技芸はプロメテウスによって人間にもたらされた」〔v.506. cf.一一七頁〕とプロメテウスは述べている。そしてゼウスも、必然性の神アナンケに従属していると述べている。必然性《アナンケ》はゼウスを不幸に陥れる。そしてただひとりプロメテウスだけが、ゼウスをその不幸から解き放つことができる。ここにも類比がある。

生きとし生けるものを誕生させ成長させる愛《エロース》の役割は、愛《エロース》をディオニュソスとアルテミス、さらにはオシリスに近づける。ここに象徴の錯綜がある。植物や動物における両性の結合は、超自然的な愛《エロース》のイメージとなる。それゆえ、この結合によって最初に無限小のかけらとして生み出された種や胚珠は、はじめは無限に小さいが、やがてわたしたちのうちで成長しゆく神の王国のイメージとなる。それは、ペルセポネーにおける柘榴《ザクロ》の実や、「福音書」における芥子《からし》種や小麦の種が意味するものと同じである〔cf.七、五八頁〕。太陽エネルギーをつなぎ止める葉緑素の特性はまた、愛《エロース》の神の媒介的な働きのイメージともなる。

197d
愛《エロース》は、わたしたちから敵対する気持ちをとり除き、友情で満たし、互いに出会うことができるさまざまな会合を設け、祭礼、歌舞、供儀においてわたしたちを先導します。愛《エロース》は優しさをもたらし、残忍さを追い払います。惜しみなく好意を与え、憎悪を与えません。善に適うものであり、賢者にとっての観照の対象であり、神々にとっての賞賛の対象です。遠ざけられているときは求められるべきものであり、ただなかにあるときは所有されるべきものです。喜悦、繊細、優美、魅惑、欲望の父であり、あらゆる善に注意を払い、悪に注意を払いません。労苦、恐怖、欲望、論証における最上の舵取りであり、戦士であり、擁護者であり、完璧な救済者であります。神々すべてと人間すべてを秩序立て、美しく完璧に舵取りをします。人間はすべて美しい讃歌を歌い、愛《エロース》の美声に与り、それに続かねばなりません。愛《エロース》の歌は、その美声によってあらゆる神々とあらゆる人々の精神に触れるのです。

ソクラテスの演説

この作品でソクラテスは、自分の考えを語らない。ソクラテスは、ひとりの聡明な女性が授けた教訓を繰り返す。この女性は供犠をなすためにアテナイにやってきて、一〇年間ペストを発生させなかった。女性の主人公、その状況、頻繁に用いられる秘儀の言葉が示すのは、エレウシス教の巫女の姿にほかならない。それゆえ『饗宴』は、ソクラテスとプラトンが秘儀を軽視していたと思い込んでいる人々への十全な反駁となりえている。この作品に見られる教説は、哲学的反省から得られたものではない。そうではなく、宗教的伝承から得られたものである。ディオティマは、ソクラテスに次のことをまず理解させようとする。すなわち、愛《エロース》は善への欲望であり、美への欲望であり、知への欲望であるが、善でも美でも知でもない。そして言うまでもなく、悪でも醜でも無知でもない。だが愛《エロース》は、完全な善と完全な美と完全な知を有している、とさきほどアガトンは述べたばかりである。ここでもまた、相反するふたつの命題が同時に真であることを知らねばならない。そして愛《エロース》は、自発的にでなければ何ものをも堪え忍ぶことはないので、自ら進んで善と美と知を剝ぎ取られている。

ディオティマが説くところでは、愛《エロース》は δαίμων《ダイモーン》である。δαίμων《ダイモーン》というギリシア語の用法は多岐にわたっている。神を意味する θεός《テオス》と同義語で使われるときもあれば、人間を超えた存在者の意味で使われるときもある。この存在者は超自然的世界に属しているが、神より下位にある天使のようなものである。もっとも、神々を意味する οἱ θεοί《ホイ テオイ》もまた、天使のような存在を意味することがある。ときに δαίμων《ダイモーン》は、わたしたちが用いるように悪魔を意味する。だがここでディオティマは、δαίμων《ダイモーン》という言葉の用法を定めている。δαίμων《ダイモーン》は、人間と神を媒介し、仲介するものである。

202e-203a
愛《エロース》は、死すべきものと不死なるものを媒介するものです。……それは偉大なる«δαίμων《ダイモーン》»です。そしてこの種に属するものはすべて、神と人間とを媒介します。それはどんな働きをもっているのでしょうか、とわたしは尋ねました。人間のメッセージを神々に、神々のメッセージを人間に通訳して伝達する働きです。人間からは祈願と犠牲を、神々からは命令と犠牲への応答を伝達します。この種に属するものは、両者の真中にあってその場を満たし、そうして、すべてをそれ自身に結び合わせます。δαίμων《ダイモーン》によって、神託の技、聖職者の技、供犠の技、秘技の技、化身の技すべてがおこなわれます。神と人間とが交じり合うことはありません。神々と人間との交流と対話がなされるのは、δαίμων《ダイモーン》を介してのみです。

媒介するこの種のものが複数あるのか、あるいはただひとつなのか、プラトンがどう考えていたのかを知るのは難しい。プラトンは媒介するものが複数あり、愛《エロース》はそのひとつだと述べているが、本当は同じ存在者のなかの複数の存在者、あるいは、同じ存在者における複数の側面ではなかろうか。先の数行でプラトンは、ただひとつの存在者しかいないかのように単数形を用いている。ἑρμηνεῦον《ヘルメーネウオン》という言葉は、ヘルメスの愛《エロース》を思い起こさせ、その何たるかをはっきりさせる。ヘルメスの愛《エロース》は、神々のあいだを通訳する者であり、なおかつ、魂をもうひとつの世界へ連れてゆく神々の使者であり、竪琴の発明者であり、神童の神である。

これら数行で、愛《エロース》はすぐれた祭司として描かれている。次のことを忘れてはならない。祭司でありなおかつ媒介者でもある愛《エロース》は、神と人間とのあいだにあり、アガトンの演説に従えば、少なくともゼウスと同一のものである。愛《エロース》はゼウスに統治の技を教示する神々の王である。

ここでプラトンは、あたうかぎりはっきりとこう主張している。愛《エロース》の媒介なくして、神と人間とのあいだにはいかなる関係もありえない。すなわち、「わたしを通すことなしに、誰も父のもとに行くことはできない」〔ヨハネ一四・六〕のである。

媒介の観念の算術的かつ幾何学的な側面と、科学が発明された際のこの観念の役割については後述する〔一四三―一五三頁〕。

203b-204b

愛《エロース》誕生神話

アフロディテが生まれたとき、神々は祝宴を催しました。そのなかには、叡智の神メティスの息子で、術策の神であるポロスもいました。宴の後に窮乏の神ペニアが物乞いにやってきました。物乞いは祝祭での習慣でした。ペニアは戸口に立っていました。ポロスは、ワインがまだ供されていなかったので、神酒を平らげたうえゼウスの庭に入ってゆき、酔いつぶれて眠ってしまいました。ペニアは術策を欠いていたので、術策の神ポロスの子を得ようと企てます。ペニアはポロスの傍らに横たわり、愛《エロース》を身籠ります。愛《エロース》は、アフロディテの祝祭のさなかに生まれ、さらに、愛《エロース》は生まれつき美しいものを愛し、アフロディテは美しいのです。このように、愛《エロース》は、アフロディテの仲間、アフロディテの使者として生まれました。愛《エロース》はポロスとペニアの息子なので、しかるべき運命を背負っています。まずはじめに、つねに貧しく、たいていの人の思い込みとは違って、華奢で美しいというにはほど遠い体つきをしています。やせ細り、干涸びて、素足で、宿無しで、大空の下、つねに地べたに横たわり、戸口や道端で眠ります。母親の気性を受け継いでいるので、つねに窮乏を友としています。しかしその一方で、父親の気性を受け継いでいるので、美しく、善いものに果敢に向かっていきます。すなわち、勇敢でひたすら邁進し、たえず気を張りつめた恐るべき探究者なのです。つねに創意を編み出し、叡智を欲望し、術策を創り出し、全生涯を通して哲学する者であり、呪術と救済に長じており、巧みな詭弁家でもあります。その本性は、不死なるものでも死すべきものでもなく、ときには、一日花咲き、術策が冴えているときには生き、そして死んでゆきます。しかしまた、父親から受け継いだ気性によってふたたび生まれます。……叡智は至高の美にかかわり、愛《エロース》は美への愛となります。それゆえ愛《エロース》は必然的に叡智を愛し、そのために、叡智と無知の中間にある者となるのです。その原因は、愛《エロース》の誕生のうちにあります。というのも、その父は賢く術策に長けていますが、その母は無知で困窮しているからです。

うっとりさせるようなこの神話のひとつひとつの言葉についてよく考えてみる必要がある。この神話には、アフロディテ、メティス〔叡智〕、ポロス〔術策〕、ゼウス、ペニア〔窮乏〕、エロース〔愛〕と名づけられた六人の人物が登場する。不十分であるとはいえ、πόρος《ポロス》は術策としか訳せない。というのも、πόρος《ポロス》にはふたつの意味があり、そのひとつは、道、道程、小道であり、もうひとつは、手段、術策だからである。ペニア〔窮乏〕と対にするためには、術策の意にとらねばならない。だが、道、小道の意味も保持する必要がある。中国人は、神をTao《タオ》、すなわち道と名づけている。キリストは、「わたしは道である」〔ヨハネ一四・六〕と述べた。だが他方で、πόρος《ポロス》はπόρω《ポロー》とπορίζω《ポリゾー》という動詞の語源であり、字義通りには道を開くという意味をもつが、とくに、もたらす、産出する、与えるという意味で用いられている。πόρος《ポロス》を別様に解釈するならば、贈与の意になろう……。カトリック神学において、贈与は聖霊の固有名である。アイスキュロスの『プロメテウス』では、πόρος《ポロス》の語源に関する言葉遊びが見られ、それは数行のうちに三度出てくる。

「わたしは自らに与えられた運命を堪え忍ばねばなりません（τὴν《テーン》 πεπρωμένην《ペプローメネーン》 χρὴ《クレー》 αἶσαν《アイサン》 φέρειν《ペレイン》）」（πόρω《ポロー》の完了受動分詞）。「死すべき人間たちに特権を与え（θνητοῖς《トゥネートイス》 γέρα《ゲラ》 πόρων《ポローン》）」。「……火の源は、技芸の師として、そして、偉大なる手段として（あるいは偉大なる宝物として、あるいは偉大なる贈与として）あらわれた（πυρὸς《ピュロス》 πηγὴν《ペーゲーン》… ἣ《ヘー》 διδάσκαλος《ディダスカロス》… πέφηνε《ペペーネ》 καὶ《カイ》 μέγας《メガス》 πόρος《ポロス》）」（v.103-108-111）。この最終行で、このπόρος《ポロス》という名称が火に当てられている。さらに、πῦρ《ピュール》とπόρος《ポロス》のあいだで言葉遊びがあると見てよいだろう。クレアンテス〔前三三〇頃―二三一頃、ストア派の哲学者〕のゼウス讃歌でははっきりあらわれているヘラクレイトス〔前五四〇頃―前四八〇頃、生成流転する世界のうちに相反するものの調和を見出した哲学者〕の三位一体において、ゼウスであり、ロゴスであり、雷であり、火であるものは、聖霊と照応している。「霊と火のうちにあって……、わたしは大地に火を灯すためにやってきました」〔マタイ三・一一／ルカ一二・四九など〕といった「新約聖書」のいくつかの節や、聖霊降臨祭《ペンテコステ》についての数行〔使徒行伝二・一―四）の場合も同様である。ひとまずこう結論づけることができよう。プラトンがポロスと名づける存在者は聖霊であり、さらに、プラトンも、そしておそらくアイスキュロスも熟知していたように、愛《エロース》誕生神話とプロメテウスの神話のあいだには深いつながりがある。

ポロスは叡智の神メティスの子であり、その名はプロメテウスという名とほぼ同義である。ヘシオドスはこう語っている。大地の神ガイア――アイスキュロスの作品では、プロメテウスの母テミスと同一人物――は、メティスがいつの日か、ゼウスよりも権能のある息子を得る定めにあるとある日ゼウスに告げ、ゼウスの権威を失墜させる。この危険を避けようとゼウスはメティスを食べてしまう。メティスはゼウスの妻であり、すでに妊娠していた。子どもはゼウスの頭から生まれてくる。それがアテナである。

だが『饗宴』では、メティスの子どもはポロスとなっている。メティスが〈ロゴス＝言葉（Verbe）〉であるならば、この系譜に驚くべきところはない。父と子より出づるもの（*Qui ex Patre Filioque procedit*）。

（ちなみに、アテナはオリーブの女神であり、カトリックにおける聖油がとりわけ聖霊とかかわりのある秘跡を連想させることに注目しよう。アテナはトリトゲネイア（Tritogénie）と名づけられたが、その形容辞のもっとも自然的な意味は、「三番目に生まれた」である。ヘロドトスによると、エジプトではアテナの神殿に受難者の墓があるという。アテナは、ゼウスを除けば、神盾を扱う唯一の神である。神盾は雷と密接な関係があり、雷は聖霊の象徴である。だが、ここでの主題はアテナではない。）

天なるアフロディテは神の美である。美は善の映し《イマージュ》であり、善は神である。アフロディテもまた〈ロゴス＝言葉（Verbe）〉である。アフロディテは、ペルシアの宗教ではミトラ〔古代インド・イランの光・盟約・正義・友情の神〕の名で通っていた、とヘシオドスは述べている。ミトラはおそらく、ここで言われているメティスであり、メティスは、出エジプト後のイスラエルの聖なる書のなかにあらわれるようである。愛《エロース》はアフロディテの誕生日に生まれ、その同伴者であり、アフロディテを愛している。愛《エロース》とアフロディテは、神の同一のペルソナのふたつのあらわれである。アフロディテは神のイメージであり、愛《エロース》は神の媒介者である。

愛《エロース》は、この数行の直前では、神々の王としてあらわれていたが、ここでは惨めな放浪者となっている。これは愛《エロース》が望んだことである。愛《エロース》はペニアの子として誕生することを欲したのである。ここで問題になっているのが受肉であるならば、そしてポロスが聖霊であるならば、愛《エロース》と完璧に照応する。

神以上に根源的に貧窮している者はない。神の貧窮は被造物すべての貧窮である。苦悶における創造は、あの困窮した女〔ペニア〕の策略を思い起こさせる。この女は裕福な男の意も顧みず、その子を得て男と一緒になろうとする。女は、神の子を授かることを思い描いている。女は、神が酔って眠り込んでいるときを狙う。このような狂気には酔いと眠りが不可欠なのだ。

（このときにはまだワインが出されていない、とプラトンは述べている〔203b. cf.七四頁〕。そう述べることで、愛《エロース》とディオニュソスの一致を際立たせようとしているのであろう。）

生まれてきた子は、わたしたちの兄弟にふさわしく、惨めな状態にある。貧窮して放浪し、いつでも地べたに横になる愛《エロース》をめぐるこのうるわしい描写に接していると、聖フランチェスコ〔一一八二―一

二二六、アッシジの聖人〕に思いを巡らさずにはいられなくなってくる。しかし、聖フランチェスコより以前に、貧窮し放浪し、安らぐ場をもたなかったのは、ほかならぬキリストであった。キリストもまた、貧窮を友としていた。

この描写にも、アイスキュロスの『プロメテウス』を思わせる言葉がいくつもある。愛《エロース》の身体はやせ細っている（αὐχμηρός《アウクメーロス》）。プロメテウスの身体もまたそうで（προσαυαινόμενον《プロサウアイノメーエノン》）、顔色の花さえ失われている（v.23）。愛《エロース》は、風に吹かれるにまかせて家の外で眠る（ὑπαίθριος《ヒュパイトゥリオス》）〔203b〕。プロメテウスもまた同じで（ὑπαίθριος《ヒュパイトゥリオス》）（v.113）、風のなかに吊るされている（αἰθέριον《アイテリオン》 κίνυγμα《キニュグマ》）（v.157）。「ソフィスト」〔弁論術や政治・法律などを教えた職業的教育者たち〕は、ヘルメスのプロメテウスに対する侮辱に相当する〔v.944〕。μηχανάς《メーカナス》という言葉は、手順、狡智、陰謀、手段、発明を意味するが、それはまた、〔プロメテウスの〕悲劇のなかに頻繁にあらわれる〔v.469〕（ソポクレスの『エレクトラ』では、エレクトラとオレステスの再会直後にもこの語が見出される〔v.122-129〕）。アイスキュロスは、救済策（φαρμακα《パルマカ》）を見出すプロメテウスの巧みさについて語っている〔v.249〕。

愛《エロース》は執拗な追跡者であり、その点でアルテミスと類縁関係にあるが、また、まわりに罪ある人を集めるアルテミスの双子の兄〔アポローン〕とも類縁関係にある。そしてプロメテウスもまた、求めていた火の源、θηρῶμαι《テーローマイ》を捉える（v.109）。

愛《エロース》はここで、ピタゴラス派の意味におけるもっとも完璧な調和をなす者、すなわち、きわめて遠くに隔たった相反するものである神と、悲惨なわたしたちとの統一者としてあらわれる。

要するに、あらゆる欲望は、善と幸福への欲望です。……自分の片割れを探索する者が愛する者であると述べている説がありますが、わたしが説くところは違います。愛は、それがたまたま善きものでないならば、片割れを探索するのでも全体を探索するのでもありません。というのも、悪しきものであれば、人間は自分の手足を切断することも厭わないからです。自分のもの、自分に属するものを善と呼び、自分と無関係のものを悪と呼ぶのではありません。とすれば、思うに、人は誰しも自分に属するものを大切にするというのではない、ということになります。人間にとって善のほかには愛の対象となるものはありません。……つまり、愛とは、自らによって永遠に善を保持したいと思わせるものです。

これは、人間がふたつに切断され、その片割れが互いを探し合うアリストパネスの神話への反駁となっている。だがここでもまた、相矛盾するふたつの主張がともに真実であることを知らねばならない。アリストパネスの神話に反駁しているように思われるこれらの言葉は、その神話の真の意味をあきらかにしようとしている。わたしたちはまことに不完全な存在であり、暴力によって切断されている。切断された断片は永遠にその片割れを渇望している。だが一見したところ、アリストパネスの神話があきらかにしようとするものに反して、この片割れはわたしたちに類似のものではありえない。この片割れは善であり、神である。わたしたちは、神から引き離された断片である。

「人間にとって、善のほかに愛の対象となるものはありません」〔206a〕。したがって、神のほかに愛の対象となるものはない。わたしたちは、どのようにして神への愛を自らのうちに据えようか、と模索する必要はない。神への愛はわたしたちのうちにある。それはわたしたちの存在の基盤そのものである。もしわたしたちが神以外の者を愛するならば、それは誤りであり、人違いをしたのである。道で歓び勇んで見知らぬ人に駆け寄るときのように、離れているために友と見間違えてしまったようなものである。しかし、わたしたちのうちには、凡庸なるものが住まっている。それは自己保存の本能によって、ありとあらゆる虚偽を用いて、生まれてから死の瞬間までわたしたちがずっと愛し続けているものは真の神にほかならないということを認識させまいとする。というのも、この認識に至るやいなや、わたしたちのうちなる凡庸なるものはすべて、死を余儀なくされるからである。

『国家』のなかには、この主題に関するさらに美しい、さらに力強い一節がある。

『国家』註解

『国家』第六巻

505e （善は）魂すべてが追い求めるものです。そのために魂はどんなことでもします。しかし魂は善が何であるかを予感しながらも困惑してしまい、魂は善が何であるのかを十分に把握できません。それゆえ魂は、他のもののように善についてはっきりとした確信をもちえないのです。そのため、魂は善がもちうる他のもろもろの事柄や善の有用性をも捉え損ねてしまいます。

プラトンはつねに、わたしたちのうちなる善への愛を視力に譬え、善の啓示を光に譬えている。こうして、この魂の転回は、比喩によって記述されることになる。

『国家』第七巻

518b-d （魂の）育成は、そうであると主張されているようなものではありません。というのも、主張されているのは、盲人の目に視力を授けるように、魂のうちにもともとなかった知識を授けるということだからです。しかしわたしが君に示したのは、認識する能力もその器官もそれぞれの人の魂のうちに備わっている、ということです。しかし身体すべてを挙げなければ、暗闇から離れ、光のほうに目を向けることはできません。そしてまた、実在を、そして実在のうちでもっとも輝かしいもの――わたしたちが善と言ったのはこのことですが――を、観照するに耐えうるまで、魂すべてを挙げて、移ろいゆくものから向き変わらねばなりません。

ここにこの技、つまり魂の向き変えの技があります。それは人が向き変わるためのもっとも容易でもっとも迅速な方法です。大切なのは、魂のうちに視力を生み出すことではありません。魂はすでに視力を有していることを、わたしたちは知っています。しかし上手く視力を傾けることができず、見つめるべきものを見つめていないのです。それゆえそうしうる方法を見出さねばなりません。

ここでもまた μηχανή《メーカネー》という言葉が用いられている。この言葉は、プラトンの著作と、救いや贖いが主題となっている悲劇作品で、頻繁に用いられている。

「わたしは教えています。愛は自らの半身を対象とするのではなく、またかつてあったまったき自分自身を対象とするのでもありません。……人間が愛するものは、善をおいてほかにないのです」という『饗宴』〔205e-206a〕の言葉はとても深い。この言葉は、エゴイズムに関する間違った観念を打ち砕く。人間はエゴイストではない。人間の不幸は、エゴイストたりえないことである。神だけがエゴイストである。神の被造物であることを知悉し、神に愛され神によって贖われる場合にのみ、人間は自己愛の影にわずかなりともたどり着ける。そうでなければ、人は自分自身を愛せない。

一般にエゴイズムと言われているものは、自己愛ではない。それは遠近法のもたらす結果である。自分のいる場所から見える事物の配置が変わることを人は悪と名づける。その場所から少しでも離れたところにある事物は目に見えない。中国で十万人の大虐殺が起こっても、自分が知覚している世界の秩序は何の変化もこうむらない。だが一方、隣で仕事をしている人の給料がほんの少し上がり自分の給料が変わらなかったとしたら、世界の秩序は一変してしまうであろう。それを自己愛とは言わない。人間は有限である。だから正しい秩序の観念を、自分の心情に近いところにしか用いられないのである。

人はどこかで宝物を選び、自分の心を移し入れる。その理由が何であれ、知人や個人的に面識のない人、女性や子ども、党派や国家、何かのグループに心底献身している人をよく見かける。この人たちがエゴイストと呼ばれることはない。だが、遠近法による誤謬のメカニズムは残ったままであり、それはいっそう深刻である。こうした献身は、高尚であるどころか、俗にエゴイズムと言われているものと大差ない。

遠近法による誤謬を避ける唯一の方法は、自分の宝物を手に取り、自分の心を空間の外に、世界の外に、つまり、神のうちに移し入れることである。

『国家』で、とりわけ洞窟のくだり〔第七巻、514a-541b〕でプラトンが用いている太陽と視力に関する中心となるイメージは、人間における愛の何たるかを的確にあらわしている。洞窟の比喩は認識に関するものである。だが視力を知性と解すると、完全な誤読をすることになろう。太陽は善である。したがって、視力は善とかかわる能力のことである。プラトンは『饗宴』〔205d-206b〕で、この能力は愛である、とあたうかぎりはっきりと述べている。プラトンは、目や視力の譬えを用いて愛について語ろうとしているのだ。このイメージは、自己愛が不可能であることを示している。というのも、目は目を見ることができないからである。洞窟の比喩でプラトンが力強く描いている実在性の欠如は、事物がないということではない。なぜなら、事物は確かにリアルに存在しているからである。問題なのは、愛の対象となるものがない、ということである。この意味で、洞窟のなかのものは、操り人形の影なのである。

このことを理解するには、〔社会という〕巨大な動物の比喩〔『国家』493a-d〕を思い起こさねばならない。人間社会もそのなかのどんな集団も、好きなものと嫌いなものを飼育係がすっかり知り尽くしている巨大で獰猛な動物のようなものである。道徳は、この動物の好き嫌い以外の何ものでもない。というのも、道徳を説くのはこういう人々だからである。「この動物が好きなものを善と呼び、嫌いなものを悪と呼びます。善悪の区別のための根拠がほかにはないのです。必要なものを正しく美しいものと呼び、必要の本質と善の本質とがどれほど異なっているのかを見ることも、他人に示すこともできないのです」〔『国家』第六巻493c〕。

神が人間のうちに降りてきて真の善を魂に開示するのでなければ、巨大な動物とそれを飼育する者が教える道徳しかなくなってしまう。

492e-493a

『国家』第七巻

〔社会という〕巨大な動物によってなされる教育に反するような道徳の教育は――友よ、人間的な教育と言いたいのだけれども――、いまもないし、これまでもなかったし、これから先もけっしてないでしょう。神的な教育については、諺に倣って除外しておきます。というのも、こう弁えておかねばならないからです。国家がこのような状態にあっても救われている人、また、救われるべき人は、正確に言えば、神によってあらかじめ救われていると言わねばなりません。

洞窟を出てしまったないし洞窟を出る途上にある、救いを予定された人々は別として、わたしたちが宝物として選択する善の実体は、社会的威信にほかならない。個人にのみかかわるように思われる欲望もまたそうである。愛の欲望も同じである。「虚栄心のない愛は回復期にある病人にほかならない」とラ・ロシュフーコー〔一六一三―一六八〇、『箴言集』で著名なモラリスト。だがこの引用は正しくはシャンフォール（一七四一―一七九四）の『格言集』三五八〕は述べている。飲食の快楽は、一見そう思われるよりもはるかに社会的である。富や権力、昇級や叙勲、あらゆる種類の名誉、名声、高い評価は、もっぱら社会的次元での善である。ほぼすべての芸術家や学者は、美と真理の名のもとに社会的威信を探究している。慈善や隣人愛といった名目もまたおおむねこのことを隠している。

社会的威信は文字通り純然たる錯覚であり、どんな現実的な存在ももたない。しかしながら、力の九割は社会的威信からなっており、力はこの世界のすべてを決定している。『グリム童話』の「勇敢なちびの仕立て屋」〔第二〇話〕や、これと類似した多くの物語がそれを示している。ちびの男は一打で七匹のハエを叩き潰し、「一打で七匹殺した」と世間に吹聴して回る。手強い敵に侵略されようとしていたある国は、この男を将校として迎える。一度も馬に乗ったことがなかったこの男は、戦闘の前日、訓練のために馬に自分の身体をくくりつける。男のはげしい恐怖のため馬は猛スピードで駆け出し、そのまま敵陣になだれ込んでしまう。敵は突入してきた騎手を目の当たりにして、この男が大勢の軍隊を従えていると思い込み、あわてて逃げ出す。こうして、ちびの仕立て屋は王の娘婿となる。

この物語は純然たる真理をあらわしている。戦争という名のもとに潜在的にうごめいている力関係を理解するならば、この世界において戦争ほどリアルなものはない。というのも、ヘラクレイトスが述べているように〔DK22 B53〕、戦争は一方を奴隷にし、一方を自由人にする。また一方を人間にし、一方を神に——もちろん偽りの神であるが——するからである。戦争は社会生活の主たる原動力となり、幻想がそのほぼすべての命運を決定づけている。戦争は威信から成り立っている。威信とは、「この権能とそれに貼り付いている栄光がわたしに委ねられている」〔ルカ四・六〕、と悪魔がキリストに囁いた言葉どおりのものである。社会でもっとも価値が高いとされているもの、より正確に言えば、社会で唯一の価値は威信である。威信とは、純然たる影にほかならない。威信は虚偽である。

この影を投げかけるものをプラトンは操り人形と呼んだのであった。それは、実在するが人為的であり、自然的な実在の摸造として作られたものである。操り人形とは社会制度のことである。守銭奴が黄金のなかにあると思い込んでいる善は、幻想であり影である。その反対に、貨幣は交換手段として、つまり純粋な約束事（convention）として善である。幻想と約束事には大きな違いがある。約束事は確かな実在性をもつが、二義的で人為的である。金《きん》を貨幣とみなすのをやめると、もはや金にはどのような価値もなくなるであろう。金の価値を商品流通上の使用にかぎれば、金のうちには、限定され、次元の低いものであるとはいえ、悪が混在しない善のみがあることになろう。ルイ一四世の微笑みのうちにある善、十七世紀のフランス人の大半が命がけで欲していた善は影であった。王位にある者の人格に貼り付いている善は実在するが、それは王権制度上の純然たる約束事としてのみ、善である。貨幣のやり取りや王権制度は操り人形であり、その影が洞窟の壁に次々と映し出されてゆく。実際、人間のあらゆる制度には、超自然的な次元にある真理の模造が見出される。だからこそプラトンは、人間の制度を、実在するものの模造である操り人形と名づけたのである。だがそれを制度とみなす場合、影である威信から目をそらし後ろを振り返ってみた場合にのみ、それが模造品であることを知る。これは容易になしうることであり、すでになされたことだとさえ思われてきた。自分が執着している威信を威信とは思わないものだからである。十字架の聖ヨハネは、あらゆる威信の放棄を霊性的裸性と名づけた。霊性的裸性によってのみ神のもとに至る。「隠れたところにいます父」〔マタイ六・一八〕とキリストが述べているのは、そのためである。それは、天にいます〈父〉と述べるのと同じである。不幸のために、わたしたちにとって隠れたところは天空ほどに遠く、近づけない距離にある。というのも、いくらかの選ばれた者を除いて、人はみな威信への執着に心奪われているからである。

キリストは、その生涯を通してほとんど威信をもたなかった。最後の晩餐の後には、威信を完全に剝奪された。そしてすべての弟子がキリストを完全に見捨てたのである。ペテロはキリストを知らない、と言った。今日キリストは、営々と続く教会と二千年にわたるキリスト教史に結びついた威信に囲繞《いじょう》されている。キリストの存命中に不幸のうちにあるキリストに心底忠実であるのは、たいそう難しいことであった。今日、いっそう大きな困難がある。この威信が遮蔽幕となっているため、自分が忠実であるのはキリストに対してなのか確信をもてないままに死ぬまで忠実であるということがありうるのだ。洞窟から一度も外に出ず、延々と壁に映し出される影から一度も目を背けずに殉教者であることも不可能ではない。

実在の完全な正義には威信があってはならない、ということをプラトンは心得ていた。受難の本質は威信の欠如であり、苦しみではない。イザヤの言葉「多くの痛みを負い、病を知っている人」〔イザヤ五三・三〕が真の意味をもつのは、病気が人々から忌み嫌われている場合にかぎられる。だが病気が忌み嫌われるのは稀であったろう。刑罰の性質を帯びた苦しみが不可欠であったのである。というのも、社会的威信への参与をすべて真に剝奪されるのは、刑罰の裁きが人を社会から放擲する場合に限られるからである。他のどんな苦しみも、刑罰の裁きが課すもろもろの苦しみの本質である、このどうにもならない、払拭しえない剝奪という性質をもちえない。だがそれは、正真正銘の刑罰の裁き、すなわち、一般法によって罪人に課される裁きでなければならない。ある主義、集団、思想、信仰に忠実であったために、国家的、政治的、宗教的な理由で迫害された人は、完全な威信の喪失をこうむってはいない。はなはだしく過酷な拷問や恥辱を受けた末に死に至らしめられたとしても、その苦しみは十字架上の苦しみからははるかに遠い。キリストは、ある意味では最初の殉教者であり、あらゆる人々にとっての殉教者の師でありモデルである。だが、ある意味では殉教者ですらなかったと言うほうがいっそう真実である。キリストは、自分を王だと信じる狂人として嘲られ、一般法による罪人として朽ち果てたのである。殉教者には威信が貼りついている。だがキリストは、完全に威信を剝奪されていた。さらにキリストは、歓びのうちにではなく、自分を救ってくれるよう空しく父に懇願し、自分を慰めてくれるよう空しく人々に頼みながら、ついに精根尽きはてて責め苦に赴いたのである〔マタイ二六・三八—四一／マルコ一四・三四—三八〕。

贖いの苦しみに付随する刑罰という本質的でどうにもならない性質を、ギリシア人ははっきりと感じていた。その性質は、プロメテウスの物語にもはっきりとあらわれている。それはまた、プラトンが『国家』で描いた完全なる〈正義の人〉の苦しみの記述にもあらわれている。

『国家』〔第二巻〕

360e, 361b-c, 361e-362a, 367b-e

不正義の人からどんな不正義をも取り除かず、正義の人からどんな正義も取り除かないで、不正義の人も正義の人もそれぞれ自らの生き方に関して完全無欠の状態というものを想定してみることにしましょう。……

正義の人についてはこうなります。正義の人は素朴で寛大で、アイスキュロスの言葉に従えば、善いと認められることではなく、善くあることを望む人です。したがって、正義の人から正義と認められることを除外しなければなりません。……正義そのものを取り除いて、すべてが剝ぎ取られた赤裸々の状態に置かなければならないのです。……何ひとつ不正義を犯していないのに、不正義であるという最大の悪評を受けさせるのです。というのも、そうすることがその人の正義の試金石となるからです。悪評とそれがもたらす数々の結果は、はたしてその人を萎えさせることがないかどうか。反対に、正義であるにもかかわらず生涯にわたって不正義だと認められながら、泰然自若としていられるかどうか。こうして正義の人が正義の極に、不正義の人が不正義の極に至るならば、両者のいずれがよりいっそう幸福であるかがはっきりとわかるでしょう。〔…〕

このような魂の状態にあって、正義の人は鞭打たれ、拷問され、縛られ、目を焼かれ、ついには、ありとあらゆる辛酸をなめた末に磔にされるでしょう。そうして、正義であることではなく、正義と認められることを望むべきだと思い知らされるでしょう。〔…〕

不正義よりも正義のほうが優っている、と言葉の上だけで論証しても仕方ありません。正義の人、不正義の人それぞれが、自らを顧みながら、自らの手で、一方が善で、一方が悪であるというのは、その働きが何に由来するからなのかを示さなければなりません。……正義と認められることないし不正義と認められることを取り除かねばなりません。……というのも、正義の人、不正義の人どちらからもそれを取り除いて外見上の差異を払拭しないならば、どうなるでしょう。君が讃えるのは、正義ではなく正義と認められることであり、君がとがめるのは、不正義ではなく不正義と認められることとなるでしょう。君が勧めるのは、本当は不正義であるにもかかわらず不正義と認められることがないようにすることになってしまうでしょう。……

したがって、不正義よりも正義のほうが優っている、と言葉の上だけで示すのでは不十分です。正義はそれ自体において、それ自体によって、正義をもつ人にいかなる働きをなすのかを示さなければなりません。正義の状態は、神々と人間に、善い状態において、あるいは悪い状態においてどのように隠されているのか、また明かされているのかを示さねばなりません。

［完全に正義の人が存在するとしたら、その人はいったいどのような人なのだろうか。それは、『国家』の別のくだりに描かれている。］

『国家』第五巻

472b-d

正義とは何かがわかったとして、正義の人は何ごとにおいても正義でないことがなく、何ごとにおいても正義そのものであるべきだ、とわたしたちは思うでしょうか。あるいは、誰よりも正義に近づいていて誰よりも正義に与っているならば、それで満足するでしょうか。

それで満足するでしょう、とグラウコンは答えた。しかし、モデルを得るために探究を始めたのです。正義とはどのようなものでしょうか。もし本当に正義が存在しているならば、完全なる正義の人とはどのような人なのでしょうか。またそれは、どのように存在しているのでしょうか。そして、不正義と不正義の人についても同じく探究しました。正義と不正義をともに観照し、幸福と不幸がそれぞれに明確に付随するものなのかどうかを確かめるためです。というのも、このようにしてわたしたちは、自分自身にとってもそうですが、正義、不正義にもっとも近い人がその人にとってもっとも近い幸福、不幸という宿命を背負っていると認めざるをえないからです。しかしわたしたちの目的は違いました。こうしたモデルがありうることを示そうとは思いもしませんでした。

〔…〕このように、ある画家がもっとも美しい人間のモデルを思い描き、満足のゆくイメージを完成させたとしましょう。その場合、こうした人間が実在しうることを示しえないからといって、その画家は第一級でないとされるのでしょうか。

［これを『テアイテトス』のテクストと比べてみよう。］

176a-177a

『テアイテトス』

できるだけ早くこの世から逃れるようにせねばなりません。この世を逃れるとは、できるかぎり神に似ることです。……神に似るとは叡智をもって正義であることであり、聖なるものであることです。……神はどのような不正義にも与らず、至高の正義を有しています。完全なる正義な人ほど、わたしたちのうちで神に近い人はありません。友よ、真実在にはふたつのモデルがあります。そのひとつは神的で完全な至福の状態にあります。そしてもうひとつは神から隔てられ、完全に惨めな状態にあります。しかし後者の人たちは、自分の状態がわからないのです。そして、極度の愚かな狂気のうちにあり、自らの不正義の行為が神から隔てられ完全に惨めな状態にあるのに近しく、およそ神的で完全な至福の状態からかけ離れているのに気づかずにいます。

［『国家』には、このような迷妄に対する憐憫と真の正義の稀少性について述べられたくだりがあ

る。〕

366c-d

『国家』第二巻

正義はもろもろの善のうちでもっとも偉大である、という十分確かな認識をもつならば、その人は不正義の人々に対する赦しに満ちており、けっして立腹したりはしないものです。不正義に対する嫌悪を神から授かっており、不正義と知ると身を遠ざける人たちがいます。そういう人たちを別にすれば、すすんで正義であろうとする人はひとりもいません。不正義をとがめはするものの、それは、勇気がなかったり、年老いていたり、何らかの弱さのために不正義をなしえない、というだけのことなのです。

この数行には、「彼らを許してください。彼らは自分のしていることがわからないのです」〔ルカ二三・三四〕という言葉と響き合うものがある。悪いモデルに倣うことに関する数行は、「わたしは裁くためにやってきたのではありません。……彼らは自ら裁かれるのです」〔ヨハネ一二・四七―四八〕という言葉を思い起こさせる。

完全な正義に関するこの一節は、他のどんなギリシア語文献よりもはっきりと神の受肉〔キリスト教で三位一体の神の子が人間としてこの世に生まれたこと〕の何たるかを示している。というのも、『パイドロス』〔247d-c. cf.一〇六―一〇七頁〕で言われるように、正義それ自体は天空の彼方でゼウスが神々と幸いなる魂を従えて食事をする場所に見出されるからである。この場所にあるものは、『ティマイオス』〔31b. cf. 二八頁〕では世界の魂であり、ひとり子である。正義の人はもっぱら正義のきわめて近くにあり、正義に大いにかかわっている。だが正義の人は、「何ごとにおいても正義でないことがない」〔『国家』472b〕ので、正義の人はどの点をとっても正義と同じである。「神的な〈正義〉は、天空の彼方から大地に降りてこなければならない（μηδὲν《メーデン》 αὐτῆς《アウテース》 ἐκείνης《エケイネース》 διαφέρειν《ディアペレイン》... ἀλλὰ《アッラ》 πανταχῇ《パンタケー》 τοιοῦτον《トイウートン》 εἶναι《エイナイ》 οἷον《ホイオン》 δικαιοσύνη《ディカイオシュネー》 ἐστιν《エスティン》）」。

こうしたことが可能だということを、プラトンはあえて示そうとはしていない。だが、プラトンの核となる着想は存在論的証明〔神の存在証明の一つ〕であり、完全なものは不完全なものよりも実在的だという確信であることを思い起こすならば〔『国家』第六巻 504c〕、プラトンの考えがこの主題に近いことは疑いえない。

正義に近くある人々のモデルとなるものは、完全なる正義の人でしかありえない。正義の近くにある人々は、現実に存在する。そうしたモデルがもし実在するならば、その人は時間・空間の一点においてこの世に存在する。ひとりの人間にとってこれ以上実在的なものはない。その人がこうした存在でないならば、それは抽象的なものにすぎない。抽象的なものは、実在のモデル、実在の完全性として受け入れられないのではなかろうか。

正義そのものは十全なモデルたりえない、とプラトンがはっきりと断言していることに十分注意を払わねばならない。人間にとって正義のモデルとなるのは、正義であるひとりの人間である。

それはおそらく、『テアイテトス』〔「知識について」の副題をもつ対話篇。176b-177a〕における神的で幸いなるモデルでもあろう。プラトンが、モデルへの同化（assimilation）について語る際、今日と意味をたがえてはいない。問題となっているのは相似（ressemblance）である。ただ同化の意味がいっそう厳密になっているのは、距離は異なるが関係が同じである、縮尺が異なるふたつの図形のあいだの相似である。というのも、ギリシア語の同化という言葉は、とりわけプラトンのようなピタゴラス派の人にとって、もろもろの関係の同一性と比例に関する幾何学の用語だからである。プラトンが神への同化について語る際、もはや相似は問題となってはいない。というのも、比例を取り除いてしまうと、どんな相似も成り立たないからである。人間と神のあいだに比例が成り立つためには媒介が必要であり、神のモデルとなる完全なる正義の人が、正義と神との媒介となる。この点に関しては、後述のピタゴラス派の学説をめぐる論考を参照されたい。

こう考えると、『饗宴』における絶対的に正義である愛《エロース》は、『テアイテトス』における神の似姿《イマージュ》、『国家』における完全なる正義の人と同一のものであることが浮き彫りになってこよう。

神の正義は人間が倣うべきモデルであるため、それがひとりの人間のうちに受肉されているだけでは不十分である。完全な正義がその人間のうちで本物であるということがあきらかにされねばならない。そのためには、正義がこの人のうちで、何の威信ももたず、裸のままで、正義の評判を付与するいかなる輝きも剝ぎ取られた状態で、栄光なく見られなければならない。この条件は矛盾している。もし正義が認められるならば、正義と認められることに覆われ、威信に包まれていることだろう。もし正義が認められないならば、そして完全なる正義が正義であることを誰も理解しえないならば、どのようにしてモデルの役割を果たすのであろうか。

実在の正義は、正義と認められることと不正義と認められることとに等しく覆い隠されている。実在の正義がモデルの役割を果たすならば、それは、裸のままで、正義と認められることなしに見られねばならず、正義と認められることをともなわずにあらわれねばならない。それは不合理である。こうして、実在の正義がこの世に存在することは、何の役にも立たないことになる。実在の正義は、正義との接触なしには何の意味もないのである。

わたしたちが近づきうるのは正義と認められることだけであり、それは威信であり、力の王国に属している。正義と認められることは、なんらかの利益を手に入れる手段であり、いくつかの手続きを踏んでそれを手に入れる。正義と認められることは、必然性の歯車の一部をなしている。必要の本質と善の本質とは無限の距離に隔てられている〔『国家』493c〕。わたしたちの世界は必然性の王国である。正義と認められることはこの世界に属しているが、実在の正義はこの世界に属してはいない。

解決不能な矛盾は、超自然的に解決される。その解決とは受難である。だがそれは、恩寵の光に満たされた魂にとってしか真の解決とはならない。それ以外の魂にとって矛盾は矛盾のままである。プラトンが希ったように、キリストが正義と認められることを完全に剝ぎ取られているあいだは、その友人たちでさえキリストが完全なる正義の人だと確信していなかった。別の言い方をするならば、彼らは、キリストが苦しんでいるあいだに眠ることができ、逃げることができ、キリストを否定することができたであろう。キリストの復活後、キリストの責め苦にまつわる不名誉は栄光によって消し去られ、今日までの二千年にわたる崇拝を経て、受難の本質そのものである剝奪はもはやほとんど感じられることがなくなった。わたしたちが思い描くのは苦しみだけであり、しかもそれも漠然とである。というのも、想像される苦しみには、つねに重力が欠けているからである。一般法による罪人として死んでいったキリストが思い浮かべられることはまずない。聖パウロですら、「イエス・キリストが復活しなかったとしたら、わたしたちの信仰は空しい」〔コリントI一五・一四〕と書いている。しかしながら、十字架上の苦悶は、復活よりもはるかに神的なものである。それは、キリストの神性が極まる一点である。今日、栄光なるキリストは、わたしたちの目から呪われたキリストを覆い隠してしまっている。それゆえわたしたちは、キリストの名のもとに、正義の実在ではなく正義と認められることのほうを崇める危険を冒している。

結局のところ、善き盗賊〔ルカ二三・四〇―四二〕だけが、プラトンが思い描いたような、罪人と思われながら完全で裸の正義を知ったのである。

神々でさえ完全な正義を認識しえないということを徹底的に考え抜くことでプラトンは、「わが神、なぜわたしをお見捨てになったのですか？」〔マタイ二七・四六、マルコ一五・三四〕という「福音書」の胸をさすような言葉を予感している。

プラトンは、完全なる正義の人の苦しみに、キリスト教とすでにアイスキュロスの『プロメテウス』に見られる贖いの苦しみや身代わりに受ける刑罰の苦しみとは別の意味を見出している。だがこのふたつの考えにはつながりがある。原罪によって人間の事柄においてなされた転倒のせいで、正義と認められることと、完全なる正義の人は有罪を宣告された罪人としてこの世にあらわれざるをえないという正義の実在とが両立しえない。もしわたしたちが無辜なる人であるならば、正義と認められることそのものが実在性に彩られ、裂かれるべきヴェールではないことになろう。

正義と認められることが誤っているために、わたしたちの存在そのものである欲望は、それが善への欲望であるにもかかわらず、魂の転回がなしとげられないかぎり、わたしたちを悪へと失墜させる。洞窟の比喩はよく知られた仕方で魂の転回を描き出している。

『饗宴』には救いに至る魂の諸段階が描かれている。ここで問題となっているのは、美による救いである。

ディオティマは、美のうちに不死性を生み出したいという欲望を性愛の理論から導き出している。生殖は動物の生では不滅のものである。わたしたちのうちなる永遠への欲望は、すぐさま永遠性のこの物質的なイメージへと向かう。プラトンがここではつまびらかにしていない神秘的なつながりによって、生殖への欲望が呼び覚まされるのは、美への欲望によってのみであるとされている。その美とは、肉体の生殖が取り上げられているので、肉体の美である。同様に、それが可能な人々にあっては、精神的な美は、精神的な生殖への欲望を呼び覚ます。こうして愛は、徳や認識や精神的な諸作品を生み出す。

(ここでプラトンが性愛を実際に正当なものとみなしているのは、不道徳だという中傷への反駁となっている、子孫の生殖に向けられる場合にかぎられる。このことに注意しよう。)

ここで描かれている魂の進歩の諸段階は、まずひとりの人間に備わる肉体的な美を考察することから始まり、どのような場所にも立ちあらわれる肉体的な美を考察することへと至り、そこから魂の美、法や制度の美、さらには諸学問の美へと移行し、愛の成就と美の本体の観照へと至る。

210c-211b

『饗宴』

……諸学問の美を見た後、ついにそれは豊穣な領域のものとなります。……そして美の広大な海原のほうに向き直り、それをじっと見つめます。するとその人は、豊かな知への愛に育まれ、壮大で美しく偉大な言論や思想を数多く生み出し、鍛錬され、成熟し、美を対象とする唯一の学問とは何かを知るようになります。〔…〕

というのも、さまざまな美を段階的に正確に見て愛によって教え導かれた人は愛の成就に到達し、突然ある種の驚愕すべき美をじっと見つめるからです。……その美は、何よりもまず永遠に実在し、生まれもせず朽ち果てもせず、増えもせず消えもしません。次に、ある面では美しく、ある面では醜いというものではなく、ある瞬間には美しく、ある瞬間には醜いというものでもありません。ある関係では美しく、ある関係では醜いというものではなく、ある場所では美しく、ある場所では醜いというものでもありません。また、ある人々にとっては美しく、ある人々にとっては醜いというものでもないのです。そして美は、顔や手のようなものとしてあらわれるのではなく、また、身体的なものとしてあらわれるのでも、ある学説やある学問としてあらわれるのでもありません。他に宿っているものとしてあらわれるのではなく、生物や大地や天空等々のうちにあらわれるのでもありません。それは、美の本体として、それ自体によって、それ自体とともに、ただひとつの本質をもって永遠に実在するものです。それ以外の美しいものはすべて、この至上の美を分有しています。美しいもののうちで美が生まれたり消えたりすることはあっても、それ自体は増えたり減ったりせず、いかなる変容も被りません。

211b-c　ある人がその美をじっと見つめるとき……、ほぼ完全性に到達したことになるでしょう。……そのときついに美とは何かを知るのです。

211e-212a　ここで眺め、しかるべき器官で美をじっと見つめ、美と結び合わされるとき、その人の人生が凡庸なものだと考えられるでしょうか。このことをよく考えてみてください。ここで、このような人だけが、しかるべき器官で美を見るときにかぎって、見せかけの徳ではなく——というのも、見せかけの徳に手を触れることはできないのだから——そうではなく、真の徳を生み出すことができるのです。なぜなら、その人は真理を手に入れたからです。そして、真の徳を生み出し慈しむがゆえに、その人は神の友であることに適うのです。ひとりの人間が不死であることなどかつて一度もなかったとしても、この人は不死なるものとなるのです。

212b　この事柄に関して、人間の自然本性において愛《エロース》に優る協力者を見出すのが難しいということがわかるでしょう。

これらのテクストは、プラトンのイデア論を凝り固まった抽象論だとみなす人々がどれほど間違っているかを示している。ここで論じられているのは、美との霊性的な結婚、魂が真に徳を生み出す結婚についてである。さらに、美は何か別のもののうちにあるのではない。美はひとつの属性ではない。美は主体である。美は神である。

プラトンが頻繁に用いる章句「それ自体として、それ自体によって、それ自体とともに（αὐτὸ《アウト》 καθ'《カタ》 αὑτὸ《ハウトー》 μεθ'《メトゥ》 αὑτοῦ《ハウトゥー》）」〔『饗宴』211b. cf. 一〇〇頁〕は、三位一体と深いかかわりがあるだろう。というのも、この章句は、一性《いっせい》のうちなるふたつの関係を示しているからである。まさしくこのようにして、聖トマス〔・アクィナス。一二二五頃―一二七四、スコラ学を完成した神学者〕は三位一体を定義したのではなかろうか。

他方でプラトンは、美の本体をじっと見つめる人は、ほぼ果てまで到達したと述べている〔211b〕。これは別のことがあるのを示している。洞窟の比喩で人は、太陽の直前に月をじっと見つめる。月は太陽の映しでありイメージである。太陽は善なので月が美だと想定するのが自然である。美に到達した人はほぼ完全なものに到達したと述べることでプラトンは、至高の美は神の子であることを示唆している。

ギリシア神話における絶対的な美とは、天空のアフロディテのことである。

（月は満ち欠け、消えた後にふたたびあらわれるので、ますます神の子の象徴に適っている、したがって受難の象徴にも適っている、と付言しておこう。オシリスの神話には、このことを詳細に語っている箇所がいくつかある。神話のなかで雄牛は三日月形の角をもっているのでオシリスをあらわしている。オシリスの身体は一四に切り刻まれるが、一四は満月と新月のあいだの日数である。イシス〔古代エジプト宗教の最高女神、オシリスの妻〕の身体は一三に切り刻まれるが、一三は太陽太陰暦で閏月のある年の月の数である。イシスとは大地を象徴とする母なる女神デメテルのことである。プルタルコス

〔四六頃―一二七頃、伝記作家〕によれば、オシリスは、古代の人々が月の役割だと考えた樹液によって、豊穣をもたらす湿気の原理を司る神である。一方ノンノス〔四世紀後期―五世紀初頭、叙事詩人〕によれば、ザグレウス〔オルペウス教の神。ヘビに化身したゼウスが娘ペルセポネーと交わってもうけた子〕はゼウスの玉座に上って雷を掌握する角をもつ新生者である。ティタン族はザグレウスを罠にかける。ティタン族は一二人いて、ヘシオドス〔の『神統記』〕における一二人の名と黄道十二宮とを見比べてみると、照応するところがいくつかある。ザグレウスはティタン族から逃れるために何度か変身し、最後に雄牛の姿、以前と同じ角をもった姿であらわれる。ティタン族は雄牛となったザグレウスを殺す。この物語を月の諸相と照応させるのは容易である。ソポクレスはディオニュソスをこう呼んでいる。「火よ、息づく星々のコロスの長、夜の声の守り主よ、わかつ者よ、わかつ者よ」〔『アンチゴネー』v.1146-48, v.1152〕。これは月によく当てはまる。最後の形容辞「わかつ者よ」は、月が一二にわかれているからである。少々無理をすれば、日々、月々、年々のうちに媒介の関係を見出せよう。エウリピデスの『ヒッポリュトス』を説明するには、アルテミスとディオニュソスが同一であるとみなさなければならない。というのも、ヒッポリュトスはオルペウス教徒であり、エレウシス教の秘儀に与っているからである。アルテミスとアポロンの弓、アポロンとヘルメスの竪琴（というのも、『ホメーロス讃歌』によれば、ヘルメスは竪琴を発明した少年の神だからである）は、その形から三日月を思い起こさせる。パン〔ヘルメスの子とされる半人半獣の牧畜の神〕もまた角をもった神であり、その名は「すべて」を意味する。プラトンは世界の魂をたえず「パン」と呼び、『クラテュロス』〔「名前について」の副題をもつ対話篇。408c〕では、〈パン〉は λόγος《ロゴス》であると述べられている。月に関わるもの、さらに、角は月のイメージなので角に関わるもの、それから植物の樹液に関わるものが〈ロゴス＝言葉（Verbe）〉を象徴しているとすると、神話における多くがあきらかになろう。他方で、アテナやおそらくヘパイストスのような神々は、聖霊に照応しているらしい。アテナはゼウスから単性生殖によって生まれてきた。ヘパイストスは正当な結合から生まれた子である。ゼウスの他の子どもはすべて不義の結合から生まれている。おそらくここに、神と被造物の結合がもたらす躓きの石の象徴、狂気であり愚かさであるものの象徴があるであろう。その場合、ゼウスのこれらすべての子は、〈ロゴス＝言葉〉の名となる。中心で輝く火ヘスティア〔炉の女神〕は聖霊である）。

絶対的な美は、感覚的な対象と同じく、具体的なものであり、見えるものである。だがそれは超自然的な視力によってである。長い霊性的な準備期間を経て、ある種の啓示、すなわち引き裂かれることによって人はこの美に近づく。「突然、ある種の驚愕すべき美をじっと見つめる」〔『饗宴』210e. cf. 一〇〇頁〕。これは神秘体験の描写である。美しいものが生まれそして消えてもこの美は変わらない。事物が美しいのは、この場合のみである。ここに、あらゆる悪を癒す格別の慰藉がある。どのような悪も、神に悪をなすことはできない。ただひとつの器官である超自然的な愛によって、人は絶対的な美を見る。その美が見える人は、自分の大切なものと自分の心を、どのような悪も及びえない場所に置く。

プラトンによる諸段階の列挙には、驚かされるかもしれない。プラトンは、感覚の対象となる美から、魂の美すなわち精神的な美へと、さらには徳の閃光へと移ってゆく。心底胸を打つ行為を讃えようとするときわたしたちは、「その行為は善い」とは言わず、「その行為は美しい」と言う。そして聖人がわたしたちを惹きつけるのは、わたしたちがそこに美を感じるからである。徳は美しければ美しいほど、わたしたちの心に触れてくる。この美と感覚的な対象としての美との類比は、きわめて神秘的である。両者のあいだには、ほとんど定義しえない比例関係が秘められている。法則や制度のあいだには、徳と自然的必然性の交差点のような別の比例関係がある。だが、プラトンが思い描いていたものは何であろうか。『国家』〔368e-369a〕で探究されている魂の漠たるイメージとしての都市国家の隠喩であろうか。あるいは、『政治家』〔「王者の統治について」の副題をもつ対話篇〕でなされている、社会的関係の調和の探究であろうか。それを見極めるのはほぼ不可能である。ともかく、相反するものの一致としての調和というピタゴラス的な考えと、限定するものと限定なきものとの組み合わせが、連続性の見られる三つの著作〔『饗宴』、『国家』、『政治家』〕を支配しているはずである。学問の美とは世界の秩序の美にほかならず、もっとも厳密な必然性を通して把握される。学問は純粋な応用数学だとプラトンは述べているので、数学的証明の意味するものは世界の秩序の美である。それがプラトンの列挙する最終段階であるのは驚くに当たらない。愛をもって世界の秩序を観照する人は、ある日突然、もうひとつ別のものをじっと見つめる。それは、驚愕すべき段階にある美である。

プラトンがここで描いている道程では、実在との接触が神秘体験によってなされる場合にのみ、神が持ち出されてくる。そうでない場合には、暗示に留まっている。それは、キリスト教の道程との大きな差異である。キリスト教では、神という言葉が意味するものにわずかな疑念が生じるはるか以前から、神について語られていた。神という言葉が力をもつことにはそれなりの意味があろうが、厄介なことには、そこには神の真性がほとんどないのである。何はともあれ、この差異によって両者の本質的な同一性が見失われてはならない。

これまで見てきたすべてのテクストでプラトンが神について語るのは、神と創造ないし神と人間の関係においてである。だが、神における完璧で無限な歓びを描写している箇所がひとつだけある。それは、『パイドロス』の次の箇所である。

『パイドロス』

246e-247e

偉大なる統治者ゼウスは、翼をもった馬車を操り、万物の秩序を俯瞰し、先頭にたって進みます。一一列に隊列を組んだ神々とダイモーンがゼウスにつき従っています。というのも、炉を守る女神ヘスティアだけは、神々の住家に留まっているからです。……この行進につき従うことを望み、それができる者が次々とやってきます。というのも、神々の合唱隊《コロス》には妬みというものがないからです。饗宴に赴き、正餐に与る際、神々は天空の果てまで進み、上り詰めます。……不死と呼ばれる人々の魂は、天空の果てまで至ると外側へと進み、その背面に立ち、そのまま外側を眺めながら、天体の運行に任せて動いていきます。

この世のどんな詩人も、天空の外側をしかるべく歌うことはありませんでした。これからもきっとそうでしょう。天空の外側とは、次のようなものです。その実体は、色なく、形なく、触れられるものは何もありませんが、実在するものであり、魂を支配する部分によってのみ、すなわち精神によってのみじっと見つめられます。その同じ場所でその実体が真に認識されるのです。神の思考は混じりけのない精神と認識によって養われ、そうしてあらゆる魂の思考は自らに適うものを受け取ろうとし、時間をかけて存在を眺め、円運動によって同じ場所に連れ戻されるまで、真理を愛し、じっと見つめ、貪り、幸福を感じます。一巡りするあいだに、魂は正義、純粋さ、知識を見ます。知識とは、生成流転し、事物が移り変わるに従ってその内実が変容するものではなく、今日その名で呼ばれているものとも異なり、その存在の実在性において実在的な学問です。それと同様に、魂はあらゆる実在をありのままにじっと見つめ、貪ります。そして、ふたたび天空の内側へと滑り込み、自分がもといた場所に戻ります。

神の生とは、観照が同時に合一(communion)でもあるような、神に対する神の働きのうちにある。神は永遠に自らを貪り、自らをじっと見つめる。それは、神のうちなるふたつの関係である。それは、三位一体である。

幼年時代に痛いほど感じられ、人間の迷妄をよくあらわしている大きな不幸とは、人間にとって眺めることと食べることがそれぞれ別々の働きだということである。

『パイドロス』

249e-250d

人間の魂はすべて、生まれながらにして真実在をじっと見つめてきたという経験をもっています。
……この世のものから神の世界のものを想起するのは、すべての人間の魂にとって容易なわけではありません。神の世界の記憶を十分にもっている魂は、ほんの少数にすぎません。神の世界のイメージを目にすると眩暈を起こし、自分自身を保っていられなくなります。しかし十分な識別能力がないので、わが身に何が起こったのかを理解できません。正義、純粋さ、そして魂のあらゆる徳は、この世で再生されたとき、まったく精彩を欠いています。しかし少数の人々は、苦労の末、暗中模索しながらそれらのイメージに到達し、モデルとなるものの本質をじっと見つめます。しかし美は、あのとき、燦然と輝いて見えていたのです……。

……美は真実在をうちにもち、真実在と共に燦然と輝いていました。そしてこの世にやってくるとわたしたちは、眩いばかりの美の閃光に包まれて、もっとも研ぎ澄まされた感覚によって美を把握します。というのも視覚は、肉体的な感覚のうちでもっとも鋭いものだからです。しかし視覚は叡智をとらえません。というのも、叡智があたかも視覚のように、美の本体のはっきりとしたイメージを生み出すならば、叡智はおそろしいばかりの愛を惹起するであろうからです。愛が向けられるものすべてについても同様です。実のところ、美だけが誰の目にもあきらかなものであり、そしてもっとも愛されるべきであるという使命を有しています。

わたしたちはこの世で美の本体に出会う、とプラトンは述べている。プラトンの語彙によれば、それは美のイデアであり、神の〈美〉の本体は、人間の感覚で捉えられる。しかしその数行後に、ひとりの人間の美によって引き起こされた困惑について語られている。それは美の本体と同じ名をもつ者〔愛〕《エロース》である。したがって美のイデアとは美の本体である。『ティマイオス』があきらかにしているように、感覚によって捉えられる神の美は世界の美である。少女や少年の美は、美という同じ名をもつにすぎない。

世界の美は神の美にほかならない。それは、ひとりの人間の身体の美がその人の存在の美であるのと同様である。

だが、叡知、正義、等々は、この世界にはあらわれえない。しかしながら、神にして人間であるものにおいてのみ、あらわれうる。

『縛られたプロメテウス』註解

『縛られたプロメテウス』

プロメテウスという名は、まさしく摂理＝神慮を意味している。ヘシオドスによれば、プロメテウスは、神々と人間との諍いを調停する者であり（ἐκρίνοντο《ヘクリノント》 θεοὶ《テオイ》 θνητοί《トゥネートイ》 τ᾽ἄνθρωποι《タントローポイ》、『神統記』v.535）、生け贄にされた獣たちのうち、どれを人間に与え、どれを神に返すべきかを采配する役割を担っていた。そしてその最良の部分を人間に分け与えたのである。

このことは、「ヨブ記」（一六・一九〔一二二〕）の驚くべき一節を思い起こさせる。「いまわたしはわたしを証してくれるものを天のうちに、わたしに応答してくれるものを高みに有している。友人たちはわたしを愚弄する。涙で溢れたわたしの目は神へと向けられる。人間と神を、人間の子とその友を調停してくれますように、と」。

アイスキュロスは物語の冒頭で、岩に磔にされたプロメテウスを描いている。プロメテウスは、磔にされているあいだ完全に沈黙している。この沈黙は、「イザヤ書」の正義の人の沈黙や、キリストの沈黙を思い起こさせるであろう。「虐待され、愚弄されても、その人は口を開かないであろう」〔イザヤ五三・七〕。

ひとりになってはじめて、プロメテウスは痛みの悲鳴をあげる。これはあきらかに肉体的な苦しみによるものである。

アイスキュロスはまた、愛ゆえにプロメテウスが苦しむことを描き出している。

v.88-113

〔プロメテウス〕神々しい天空、風速い翼よ。

おお、河とその源よ、おお、海と波の数知れぬ笑いよ。

そしてあなた、万物の母なる大地よ、
すべてを見渡す日輪よ。わたしはみなに訴えかける。

見てください、神であるわたしが神々からどのようなむごい仕打ちをこうむっているのかを。

どのような恥辱を蒙っているのかを、
引き裂かれ、何千何万年も闘わねばならぬのかを。

幸いなる者たちの新たな君主が
わたしに巧んだ下劣な鎖。

ああ、ああ、いまもそしてこれからも襲いくる不幸が、わたしを苦しめる。

わたしの労苦がどれほどにまでなれば、すべてが終わるのであろうか。

〔プロメテウス〕だが、わたしは何を言っているのだろう。こうなることは、はじめからわかっていたことであった。

まさしく来たるべきすべてを。
不意の不幸などやって来はしないのだ。
未来は決定されており、
できるだけ平静に運命をやりすごさねばならないのだから。
わたしは熟知している、抗いがたい必然性が力であることを。
だが、わたしの不運に沈黙するもしないも、いまのわたしにはできない。
人間に恩寵を与えたために、わたしは必然性によって不幸につなぎとめられている。
火の源を盗み取り、オオイキョウの芯に満たしてやったのだ。
技芸を伝達するものであり、技芸のなかの技芸である火、
死すべき人間にとって大いなる宝である火を。
その過ちを償うために、鎖でつながれ、釘づけにされている。
……………………………………
鎖でつながれたわたしを見てください、このみじめな神を。
人間を愛しすぎたために、
ゼウスに憎まれ、すべての神々に憎まれ、
ゼウスの一行に同行するあらゆる者に憎まれている。
ああ、ああ、何かが動く音が聞こえる。
近くの鳥の動きであろうか。

v.119-127

v.141-143

空中には、ゆっくり羽ばたいてゆく、軽々とした翼の音。
近づくものすべてが恐ろしい。
…………………………………………
……見てください、
留め金でくくりつけられているこの有り様を。
この深淵を見降ろす岩山の頂で、
誰ひとり望むことのない見張りをしている、
それこそがわたしの置かれた運命なのだ。
…………………………………………

v.152-158

地の底に、死者を迎え入れる冥界《ハデス》が深く広がるタルタロス〔冥界《ハデス》のさらに下方にある奈落〕に、
解けない鎖で無残に縛りあげて、
投げ込んでくれさえすればよかったのだ。
そうすれば、神であれ、誰であれ、このようにわたしを弄ぶことはなかったのだ。
だが、惨めに風に揺さぶられ、敵どもは、わたしの苦しみを嘲笑っている。
…………………………………………

v.189-192

ゼウスの意志もいつしか和らぐであろう。
先に述べたように、ゼウスが打ちひしがれるときに。
そのときゼウスの怒りも鎮まるであろう。

そうしてゼウスはわたしと和解し、友情が芽生えるであろう。
ゼウスはいつしかわたしの切望と出会うことを切望するだろう。
…………………………………………………………
v.207 ティタン族は力ずくで、難なく支配者たりうると思っていた。
〔…〕
v.217-219 わたしのことは一顧だにせずに。
母テミス〔法の女神。ゼウスの二番目の妻〕と連れ立って語らいつつ、
ゼウスの望むがままに従うことがもっとも善いことだと考えた。
わたしが助言を与えたから、
ゼウスは勝利を収めたのだ。
…………………………………………………………
v.231-241 ……ゼウスは不幸な死すべき人間のことなど顧みず、
そのまったく反対に、全人類を滅亡させることを望み、
新たな種族を誕生させようとした。
それに対してわたし以外、誰ひとり反対する者はなかった。
わたしは断固反対し、冥界《ハデス》に投げ入れられたであろう破滅から
人間どもを解き放った。
それゆえわたしに責め苦がのしかかる。

受けるも恐ろしく、見るも堪えがたいこの責め苦が。

わたしは人間どもに憐れみをかけてやった。

だが、自分自身に憐れみをかけることができない。

情け容赦ない、甘んじて受けるこの処遇。

ゼウスにさらされた恥辱の姿。

……………………………………………………

〔プロメテウス〕……

ともあれ、友人たちにしてみれば、見るも嘆かわしいこの姿。

v.246-250
……………………………………………………

〔プロメテウス〕いつの日か死ぬ人間を、その死ぬ日を予期できないようにしてやったのだ。

合唱隊《コロス》　死を憂える病に、どのような治療法を見出してやったのでしょうか。

〔プロメテウス〕盲目的な希望を与えてやったのだ。

v.248-250
……………………………………………………
［ふたたび自らの苦しみをしみじみ考えて、］
〔プロメテウス〕……こうなることはわかっていた。
わたしは過ちを犯すことに同意したのだ。
そのことは否定しない。
人間を救ってやったばかりに、苦しみを引き受けたのだ。

v.267-270

だが、このような代償を支払うことになろうとは、
そそり立つ岩壁でやつれ果ててしまうとは、
見捨てられた山の、荒涼さに与ろうとは、
思ってもみなかった。

・・・・・・・・・・・・・・・・・・・・・・・・・・・・・・・・

v.304-306 〔プロメテウス〕この有り様を見てください、ゼウスの友のこの有り様を。
ゼウスの王位の樹立に貢献した者が、
このような責め苦のもとに置かれているのを。

〔…〕

v.385-386 オケアノス　狂気のようになるまでに他人の善を望むこと、それに優るものはない。
プロメテウス　その過ちは、わたしが犯したものだ。

v.391 オケアノス　プロメテウスよ、君の不幸が教訓なのだ。

・・・・・・・・・・・・・・・・・・・・・・・・・・・・・・・・

v.437-440 プロメテウス　どれほど侮辱されているかを知ると、
ひとつの考えが心から離れなくなる。
そもそもあの新たな神々に、わたし以外のいったい誰が
特権を定めてやったというのだろう。

・・・・・・・・・・・・・・・・・・・・・・・・・・・・・・・・

v.442-450

人間がどのように不幸であったかを、聞くがよい。
はじめは何も知らなかった人間に、
どのようにして精神を授け、叡智をもたらしたのかを。
こう言うのも、人間を非難するためではなく、
わたしが授けた恩恵が善であることを示したいからだ。
人間は当初、やみくもに見るばかりで、何も見ておらず、
やみくもに聞くばかりで、何も聞いていなかった。
すべてが夢のようであり、
長い人生を偶然にまかせて、ごちゃまぜにしていた。
…………………………………………
これらの創意は、この不幸なわたしが人間のために見出したものだ。
そのわたしはといえば、いまの責め苦から免れる叡智を何ひとつもち合わせていない。

v.469-475

合唱隊《コロス》　あなたは辛い恥辱を堪え忍んでいます。すっかり叡智を失っています。下手な医者が病気になってすっかり臥せってしまったかのように、うろたえています。勇気を失い、どんな治療法で自分の病を癒してよいのか、わからなくなってしまっています。
…………………………………………

v.505-510

プロメテウス　たった一言で、すべてを一挙に心得てほしい。
人間のすべての技芸は、このプロメテウスがもたらしたということを。

合唱隊　度を超して人間に心を砕き、自分の不幸に無頓着でいるのをおやめなさい。いつの日か、
あなたは鎖を解かれ、ゼウスに劣らぬ権力を手中におさめるでしょう。

…………………………………………

v.542-543 合唱隊　ゼウスの前でひるむことなく、
自分の意志を貫いて、あなたは人間を尊びすぎるのです、
プロメテウスよ。

…………………………………………

v.612-619 プロメテウス　君の目の前にいるのは、人間に火を贈った神プロメテウスだ。

イオ〔ゼウスの妻ヘラに仕えた女官。ゼウスの寵愛を受けるが、ヘラの怒りを恐れたゼウスによって牡牛にされる〕　ま
あ、すべての人間を救うためにあらわれたのに、
かわいそうなプロメテウスさま。どうしてこのように苦しんでおいでなのですか。

プロメテウス　たったいま、自分の労苦を嘆き悲しむのをやめたところだ。

イオ　それでは、口をさしはさむのをお許しください。

プロメテウス　言ってごらん。どんな質問でもかまわない。

…………………………………………

v.755-757 プロメテウス　さしあたりわたしの責め苦がやむことはない。ゼウスが玉座から降りないかぎりは。

イオ　それでは、ゼウスが権力の座から降りることがあるのでしょうか。

…………………………………………

v.760-762

プロメテウス　それはじきに現実のものとなろう。
イオ　ゼウスは誰に王位をはぎ取られるのでしょうか。
プロメテウス　自分自身で、空しい叡智の企てによって。
……………………………………………………

v.764

〔プロメテウス〕ゼウスの結婚は、後に禍根を残すことになろう。
……………………………………………………

v.768-770

〔プロメテウス〕ゼウスの妻は、父ゼウスをしのぐ強い子を産む。
イオ　ゼウスに、その運命を免れる手立てはないのですか。
プロメテウス　何もない。わたしがこの鎖を解かれないかぎりは。
……………………………………………………

v.1080-1092

プロメテウス　おお、これは事実であり、言葉の上のことではない。
大地が揺れ、木霊が、鳴り響かない雷鳴に呼応しようと唸り声をあげている。
稲妻の閃光が炎となって燃えあがり、塵が竜巻のなかでくるくると回っている。
息吹、颪、すべてがぶつかり合い、
颪の闘いが開始を告げている。
天空と海が混じり合っている。
一群の勢いが、赤裸々な恐怖を携えて、ゼウスから迫りくる。
おお、聖なる母よ。おお、森羅万象に平等に光を投げかける天空よ。

見てください、わたしがどれほど不正義をこうむっているのかを。

これらの言葉は悲劇作品の最後に置かれており、作品は、受難（passion）にきわめて近いπάσχω《パスコー》という言葉で締めくくられている。

プロメテウスは憐れみをかけたが、憐れみを受け取ることはなかった。アンチゴネーもまた、憐れみをかけたためにむごい仕打ちをこうむった、とソポクレスの作品〔『アンチゴネー』v.934〕で述べられている。ギリシア人たちは、中世のひとりの聖人に涙を流させた考えに従って生きていた。それは、愛《エロース》は愛されない、という考えである。

この悲劇では、まれにしか用いられない奇妙な語が数多く用いられている。それらは、わたしたちが解く鍵をもたない二重の意味を有しているであろう。それを解く鍵は、秘儀の典礼のうちにあったにちがいない。この作品や他の作品で頻繁に用いられているπόρος《ポロス》やμηχανή《メーカネー》という言葉も、典礼を示唆している。これは先述のとおりである〔cf.一六頁〕。

すでにあきらかにしたように〔cf.五五頁〕、アイスキュロスのこの悲劇とプラトンの『饗宴』の源泉は同じである。プロメテウスは避難する場所をもたず、風にいたぶられている。愛《エロース》もまたそうである。プロメテウスは、火の源を探し当て、手に入れた。愛《エロース》は恐るべき探究者である。プロメテウスは、自分を救う手立てをもたない医者である。愛《エロース》も、人間から至福を奪う悪を治癒する医者である。愛《エロース》は、治療する術に長けている。さらなる比較がなされねばならない。だが、なによりもまず愛《エロース》は、強制することもされることもない。ゼウスとプロメテウスとの関係はこうしたものであり、釘や鎖から連想されるものと正反対のものである。それは、「ゼウスはいつしかわたしの切望と出会うことを切望するだろう（ἑχόνθ'《ヘコーント》 ἑχόντι'《ヘコーンティ》 σπεύδων《スペウドーン》 σπεύδοντι《スペウドンティ》）」〔v.192. cf.一一四頁〕という句によって示されている。プラトンも、「それ自体によって、それ自体とともに（ἑκὼν《ヘコーン》 ἑκόντι《ヘコーンティ》）」〔『饗宴』211b. cf.一〇〇頁〕と述べている。

アイスキュロスの悲劇は、ピタゴラス的なものから着想を得ている。これを示すはっきりした表徴がいくつも見られる。どのようにして人間は、プロメテウスの教えに従って、混沌とした悪夢から抜け出たのであろうか。この説明のためにプロメテウスは、人間に授けた知識をひとつひとつ数え上げている。アイスキュロスが述べる順番に列挙すると、家屋の建築法、煉瓦・木材の工法、季節・星辰・数・文字の知識、馬の飼育法、航海術、医学、占星術、供儀、金属の工法などである。要するに、ありとあらゆる技芸である。若干混然としているこの列挙で、数は、ἔξοχον《エクソコン》 σοφισμάτων《ソピスマトーン》、すなわち、「叡智のなかの叡智」〔v.459〕とされている。これはなにより、ピタゴラス的な考えである。

付言するならば、聖書〔知恵の書七・一七―二〇〕では、叡智の神が人間に耕作とあらゆる手仕事を教えたと述べられていたと思うが、今日このことはすっかり忘れられている。しかしもしあらゆる技芸がキリストからの贈り物であるとするならば、わたしたちの人生はいったいどれほど変わるであろうか。

将来ゼウスと和解するであろうと語る際プロメテウスは、きわめて稀な言葉「ひとつとなること」を意味する ἀρθμόν《アルトゥモン》 を用いている（v.191）。ここでは、数を意味する ἀριθμόν《アリトゥモン》 という語とある種の言葉遊びになっている。次に、ὡς《ホース》 ἐρρύθμισμαι《エリュトゥミスマイ》 と述べる際アイスキュロスは、リズムの考えを喚起しようとしている。ῥυθμός《リュトゥモス》 に由来するこの言葉を、「ここでわたしがこうむっている」〔v.241〕と述べるためにわざわざ用いているのは、あまりに奇妙である。またプロメテウスは、別の数行で、「さきほど(tout à l'heure)」と訳せる ἁρμοῖ《ハルモイ》からその一文を始めている。これも稀にしか使われない「適合すること」を意味する語の副詞的与格であり、調和(harmonie)と同じ語源である。

大切なのは、プロメテウスが、「神々に特権を定めてやった」と、すなわち、『神々に特権を限定してやった(διώρισεν《ディオーリセン》)」(v.440)と述べていることである。これは、ピタゴラス派の学説の根本をなしている、限定と無限定に関するもろもろの考えと直接関わってくる。このテーマに関しては後ほど言及することにしよう〔cf.一三五―一三七頁〕。この類似にはいささかも恣意的なものはない。というのも、プラトンが指摘しているように〔『ピレボス』16c-17a. cf.一三八―一三九頁〕、ピタゴラス派の学説のこの数行は、まさしくプロメテウスの啓示を受けているからである。この啓示はさらに、技芸の啓示とも結びついている。

「そそり立つ岩壁」(πέτραις《ペトライス》 πεδαρσίοις《ペダルシオイス》)(αἴρω《ハイロー》に由来)(v.269)。この表現は、「人の子は上げられねばならない」〔ヨハネ三・一四〕という一節を思い起こさせよう。

「風に揺さぶられて(αἰθέριον《アイテリオン》 κίνυγμα《キニュグマ》)」(v.158)。こう表現することで、悪天候にさらされているらしいことがわかる。だが岩に身体が縛りつけられているとすると、この表現はおかしい。身体が吊るされている、としたほうがよりいっそうふさわしいであろう。アイスキュロスは、磔刑の責め苦に絞首刑の責め苦を重ね合わせているのであろう。キリスト教の伝承によってそうされた(木に吊るされ、十字架に吊るされた)。ここには神秘的な響きがある。

人間を愛しすぎたためにプロメテウスは苦しんでいる。人間に代わって苦しんでいるのだ。人類に対するゼウスの怒りはことごとくプロメテウスに向けられる。だがプロメテウスはゼウスの友であったし、ふたたびそうなるよう定められている。

プロメテウスはさまざまな助言を施してゼウスを神々の支配者にし、そして神々にそれぞれの役割と職掌を分配した。そうしうるのは至高の支配者だけであり、いつの日かゼウスと同じ権能をもつであろうことを予想させるものであった。だがプロメテウスは、完全な無力の状態になり、誰もいない場所に置かれ、誰にも話しかけられず、誰もその声に耳を傾けない（悲劇では対話者がいるが、それは劇場における上演のためである）。完全に動けぬよう釘と鎖で縛りつけられ、自然本性に反した状態に置かれ、不幸な恥辱にさいなまれ、身を隠したいという抗いがたく強烈な欲求を叶えることができず、気まぐれにその苦悶を弄ぼうとする人々の目に曝されている。神々に憎まれ、人間に見捨てられている。

プロメテウスはゼウスを恐れず人間を尊んだ。善を欲しすぎたために、狂気となったのである（この表現は、原文のなかにある〔v.385〕）。

プロメテウスの人間への最初の贈り物は救済である。なぜなら、人間を滅亡させようとしたゼウスのたくらみを食い止めたからである。だがその方法については述べられていない。だがまさしくそのために、プロメテウスは苦しむのである。つづいて、火と、世界の秩序・数・技芸を手に入れる知性を人間に贈った。そして人間に盲目的な希望を授け、死を予期できないようにした。ここで言われている盲目とは、十字架の聖ヨハネの信仰の闇夜のようなものである。そのような不死への希望を与えたのである。このことは、プロメテウスを不死の神であるエジプトのオシリスに近づける。

だが人間に自由を授けたプロメテウスは、自分自身を自由にすることができない。とはいえ、まったく無力であっても、ある意味ではプロメテウスはゼウスよりも強い。この悲劇では、ゼウスに関してかなり奇妙なことがある。アイスキュロスの他の悲劇では、ゼウスの根本的な属性はつねに叡智である。強靭さ、正義、善、憐憫といった属性は、二次的なものにすぎない。ゼウスは、なによりもまず叡智の神である。だがこの悲劇でゼウスは、将来の支配を危うくさせられるほどまでに叡智を欠いている。「自分自身で、空しい叡智の企てによって」〔v.762〕、ゼウスは王座を剝奪されるのである。そしてゼウスを救えるのは、鎖を解かれたプロメテウスだけである。

ここから導き出されることは、プロメテウス自身がゼウスの叡智の神だということである。それゆえ『アガメムノン』〔v.174〕のうちに叡智が漲っているのは、ゼウスのことを考えれば足りるであろう。ゼウスは人間に叡智の道を開いた。この台詞をプロメテウスがどのようにして人間を教育したのかを述べる台詞に近づけてみると、ゼウスとプロメテウスは同一の神と考えざるをえなくなってくる。「ゼウスは、『苦しみによって認識すること』を至上の掟と定めた」〔『アガメムノン』v.176-177〕という言葉は、プロメテウスの責め苦との連関において解釈せねばならない。キリスト者も、神の叡智と結び合わされるために十字架を経ねばならない、ということを知悉している。

プロメテウスがいなければゼウスは、自分をしのぐ強い息子によって支配力を失ってしまっていたであろう〔v.768〕。神が世界の支配者となるのは、権能によってではない。そうではなく、叡智によってである。

ゼウスがその叡智から切り離されているという考えは、きわめて奇妙である。だがこの考えは、さほど頻繁ではないとしても、キリストの物語のうちにもあらわれている。キリストは自分を見捨てたかどで神を責める。そしてパウロによれば、キリストはわたしたちに代わって神の前で呪いとなったのである〔マタイ二七・四六／マルコ一五・三四〕。受難の極みの瞬間、神とキリストが引き裂かれ、対立しているように思われる。だが、それは見かけ上にすぎない。アイスキュロスの悲劇のいたるところに鏤《ちりば》められたいくつかの言葉は、プロメテウスとゼウスの敵対は見かけ上のことにすぎないことを示している。『解放されたプロメテウス』をひもとくならば、このことはさらにいっそう意義深いものとなろう。

調和に関するピタゴラス的な観念に関しては、一見したところかけ離れているように思われるこの有り様を解釈した論考〔「ピタゴラス派の学説について」〕を参照されたい。

プロメテウスは女神を母にもち、その名のひとつを正義テミスといい、もうひとつの名を大地ガイアという〔v.768〕。それは母なる女神であり、イシスやデメテルという名でも知られている女神のことである。プラトンは『ティマイオス』で、この女神のことを神秘的な言葉で語っており、物質、母、乳母、痕跡と名付けている〔50d. cf.一七〇頁〕。そしてすべてがこの女神のうちで誕生するにもかかわらず、つねに無垢である、と述べている。それは今日、黒い聖処女が置かれている多くの場所で崇められていた女神である。

プロメテウスの父についてアイスキュロスは何も語っていない。

オケアノスがプロメテウスに、「君の不幸が教訓なのだ」〔v.393〕と語った際、この言葉は、なによりもまず慎み深さという考えを平易に表現したものであろう。だがこの言葉に、「苦しみによって認識すること」〔『アガメムノン』v.177. cf.二二頁〕という先の台詞を近づけてみると、もうひとつの意味があらわになる。それは、十字架よりも効力のある教えはない、ということである。

鎖と釘が織りなすこの悲劇では、すべてが自由である。ゼウスとティタン族との闘いは、敵対する両者がそれぞれ、プロメテウスの叡智を自由に手に入れることによって開始される。だがティタン族は、プロメテウスの叡智を欲せず、それを拒む。力を用いることだけを考えてプロメテウスに目をくれようともしない。そのためにティタン族は敗北するのである。というのも運命は、敵対する両者にあって、力だけではなく叡智を用いる者に勝利をもたらすからである。そしてプロメテウスの母ガイアは、このことを知悉していた。プロメテウスはティタン族が自分に背を向けたとき、ゼウスのほうに自由に歩み寄り、ゼウスは自由にプロメテウスを受け入れる。ゼウスは、この同意によって宇宙における至高の者となる〔v.199-218〕。

プロメテウスは後になって、またしても自由に、さらには自由かつ意識的に、惨めな人間への愛ゆえに不幸に身を委ねる。「こうなることはわかっていた。わたしは過ちを犯すことに同意したのである（ἑκὼν《ヘコーン》, ἑκὼν《ヘコーン》 ἥμαρτον《ヘーマルトン》）」〔v.266〕。

不幸が襲いかかる瞬間、もはや自由はなく、強制が自由にとって代わられる。強制によって不幸が堪え忍ばれるだけではない。強制によって不幸が課されるのである。ここでわたしたちは、「自発的な者が自発的に（ἑκόνθ᾽《ヘコント》 ἑκόντι《ヘコーンティ》）」ではなく、「欲しないことを欲さず（ἄκοντα《アコンタ》 σ᾽ ἄκων《サコーン》）」（invitum invitus)」という章句に出会う。この言葉は、ヘパイストスの口から発せられている。ヘパイストスは火を司る神であり、ゼウスの息子であり、父であるゼウスからプロメテウスの磔刑を仰せつかっている。「あなたが同意していないことにわたしも同意してはいないが、あなたを釘づけにするしかないのだ」〔v.19〕。この瞬間、神は必然性につながれた者としてあらわれ出る。犠牲となった神だけではなく、死刑を課する神も、そして奴隷の姿をした神だけでなく主人の姿をした神も、ひとしくそうである。

だがプロメテウスとゼウスの和解が、ふたたび両者に自由をもたらすであろう。「彼は切望するだろう、そしてわたしも切望するだろう（σπεύδων《スペウドーン》 σπεύδοντι《スペウドンティ》）」〔v.192. cf.一一四頁〕。ヘパイストスが、「身内の神（συγγενῆ《シュンゲネー》 θεόν《テオン》）」〔v.14〕として、友人として、プロメテウスについて語っていることに着目しよう。プロメテウスとは、芸術家である火の神なのである。プロメテウスは人間に超自然的で神聖な火をもたらす。その同じ火がプロメテウスをその意に反して磔刑へと導く。

プロメテウスの犠牲がかつて歴史的事実としてあらわれたことはない。それは、時間・空間の一点で生起したものではないのであろう。ヘシオドスがプロメテウスの解放について語っている数行が一ケ所あるが、他の数行では、岩に釘づけにされた者として語られている〔『神統記』v.616. cf.六四頁〕。プロメテウスの物語は、キリストの受難が永遠のうちに映し出されたものである。プロメテウスとは、世の始まりからずっと生け贄にされた小羊である〔黙示録一三・八〕。

神を主人公とした歴史的な逸話は永遠性のうちに映し出されずにはいない。パスカル〔一六二三―一六六二、フランスの哲学・科学・数学者〕は、「世の終わりまで苦悶するイエス」〔『パンセ』ブランシュヴィック版五五三〕について語っている。聖ヨハネは、啓示を受けたテクストの至高の権威をもって、イエスは世の始まりからずっと生け贄であった、と述べている。プロメテウスの物語とキリストの物語との類似は逸話的なものではない。それゆえ、福音書の歴史的性格を損ねるものではない。この類似がキリスト教の教義を強めこそすれ弱めることはないのである。そうであるならば、両者の類似があきらかであるのに、それを認めまいとする理由はなかろう。

神の愛と、その愛に結び付いた苦しみをあらわすのに——「新約聖書」と聖週間の典礼を除いて——ここに挙げたアイスキュロスの悲劇の言葉ほど胸を打つものはなかろう。「あなた方のあらゆる思想の源泉となっているギリシア文明は、もしも受難に憑かれていなければけっして生み出されなかったであろう」という言葉ほどこの類似を信じない者に強く訴えかける言葉はなかろう。

こうした歴史の見方は、ありとあらゆる論駁の対象となろう。だがひとたびこう考えるならば、それはもはや捨て去ることができないほどまでに明白な真理となってあらわれ出るであろう。

アイスキュロスの悲劇——とりわけ悲劇『嘆願する女たち』のうちに、ギリシアの伝統に潜む根源的にキリスト教的なもうひとつの考えがあらわされている。その考えとは、不幸な人の嘆願は神に由来し、神を冒瀆することなくしてその嘆願が払拭されることはない、ということである。アイスキュロスは、「嘆願するゼウス」という巧みな表現を用いてこのことをあらわしている。ゼウスが嘆願する人々を見守るのではなく、ゼウス自身が嘆願するのである。

悲劇『嘆願する女たち』からこのことがあらわされている数行をとり上げてみよう。

v.1

嘆願されるゼウスさまが、御心やすく眺めくださいますように……（Ζεὺς《ゼウス》 μὲν《メン》 Ἀφίκτωρ《アピクトール》 ἐπίδοι《ヘピドイ》 προφρόνως《プロプロノース》…）。

v.192

嘆願する枝々、敬意を受けとるはずの神ゼウスの似姿（ἱκτηρίας《ヒクテーリアス》 ἀγάλματ'《アガルマトゥ》 Αἰδοίου《アイドイウー》 Διός《ディオス》）。

αἰδοῖος《アイドイオス》は翻訳しえない。この言葉は不幸な人が嘆願しているときに向けられるはずの敬意の特殊な形態にかかわるものである。『イーリアス』でもこの敬意という考えは憐れみという考えと結びついており、憐れみとは、不幸な人々がもつ権利があるものをあらわすために用いられている。武器も防具ももたずアキレウス〔『イーリアス』の主人公〕の手に落ちたプリアモス〔トロイア最後の王〕の息子である青年は、「わたしは君の膝にすがる。アキレウスよ、わたしに敬意を、憐れみを」〔第二一歌 v.74〕と述べている。フランス語にも、わたしの知るかぎり他の現代語にも、この正確なニュアンスをあらわす言葉がないのは嘆かわしいかぎりである。（ゼウスのみならず女性たちが次のように嘆願していることに着目してみよう。

v.214

天空から追放された神、清らかなアポロンさま（Ἁγνόν《アグノン》 τ'《ティ》 Ἀπόλλω《アポロー》 φυγάδ'《ピュガドゥ》 ἀπ'《アポ》 οὐρανοῦ《ウーラヌー》 θεόν《テオン》）。

アポロンは、死者の復活によって引き起こされたゼウスとの口論の末、天空から追放される。そうして大地に舞い降り、人間の召使いとならねばならなくなったのである。）

v.347　しかし、嘆願されるゼウスさまの怒りは、それはひどいものです（Βαρύς《バリュス》 γε《ゲ》 μέντοι《メントイ》 Ζηνὸς《ゼーノス》 Ἱκεσίου《イケシウー》 κότος《コトス》）。

v.360　これは、「飢えていたときにわたしに食べ物を与えてくれなかった」〔マタイ二五・四二〕という言葉と同じ精神ではなかろうか。

嘆願する正義の女神テミス、運命を配分する神ゼウスの娘（Ἱκεσία《ヒケシア》 Θέμις《テミス》 Διὸς《ディオス》 Κλαρίου《クラリウー》）。

（すばらしい表現！）

v.385　苦しんでいる人の嘆きに耳を貸さない人々に対して、嘆願する神ゼウスの怒りが待ち構えている（μένει《メネイ》 τοι《トイ》 Ζηνὸς《ゼーノス》 Ἱκταίου《ヒクタイウー》 κότος《コトス》 δυσπαραθέλκτους《デュスパラテルクトゥース》 παθόντος《パトントス》 οἴκτοις《オイクトイス》）。

v.403　双方に身を傾けるゼウス（Ζεὺς《ゼウス》 ἑτερορρεπής《ヘテロレペース》）。

v.478　だが、嘆願するゼウスの怒りを慮らねばならない（Ὅμως《ホモース》 δ᾽ἀνάγκη《ダナンケー》 Ζηνὸς《ゼーノス》 αἰδεῖσθαι《アイデイスタイ》 κότον《コトン》）。なぜならゼウスの怒りこそ、人間たちがもっとも恐れているものであるのだから（Ἱκτῆρος《ヒクテーロス》 ὕψιστος《ヒュピストス》

γὰρ《ガル》 ἐν《エン》 βροτοῖς《ボロトイス》 φόβος《ポボス》)。

したがって、苦しんでいる人々に無感覚であることほど冒瀆的なものはないのである。この「嘆願するゼウスの怒り」は、「彼らは山々と岩々に向かって言う。〈小羊〉の怒りから遠く離れるよう、わたしたちの上に落ちて、わたしたちを隠してください」という「黙示録」の驚異的な言葉〔六・一六〕を思い起こさせよう。

ピタゴラス派の学説について

ピタゴラス派の思想は、わたしたち現代人にとって、ギリシア文明の偉大な神秘である。この思想はいたるところに見出される。ほぼすべての詩、ほぼすべての哲学——わけてもアリストテレスが〔『形而上学』A、第五章、六章で〕純粋にピタゴラス派の人とみなしているプラトン、音楽、建築、彫刻に行き渡っている。また算術、幾何学、天文学、力学、生物学といった学問の源もこの思想に由来し、しかもこれらの学問は根源的に現代のそれと同じである。プラトンの政治思想（『政治家』で展開されている真正な形態のもの）も、この思想に由来している。つまり、ピタゴラス派の思想は、世俗の生をくまなく包み込んでいるのである。この時代には、いたるところで世俗の生と超自然的な生は調和し、一致していた。今日では両者はすっかり分離してしまっているが、それと同じくらいすっかり緊密に一致していたのである。

ピタゴラス派の思想の根源ははるか古代にさかのぼる。この学説の中心観念を展開する際プラトンは、はるか昔の啓示を喚起している。それはおそらく原初の啓示であろう（『ピレボス』〔16b-e〕）。ヘロドトスによれば、ピタゴラス派の人々の信仰は、その大部分が、少なくともエジプト由来のものである。もうひとりの古代の歴史家シケリアのディオドロス〔前一世紀の歴史家〕は、ピタゴラス派の思想とドルイド教〔古代ケルト人の宗教〕の思想とに見られる類似点を指摘しているようである。ドルイド教をギリシア哲学の源泉のひとつとみなす人たちもいた、とディオゲネス・ラエルティオス〔三世紀前半頃の哲学史家〕は〔『ギリシア哲学者列伝』で〕述べている。そうであるならば、ドルイド教はイベリア半島経由であると考えねばならない。それは、ギリシア文明の形而上学的・宗教的部分がペラスゴイ人〔ギリシアの先住民族〕経由であるのと同様のことである。

（ついでながら、紀元前に、イベリア人、ペラスゴイ人——すなわち、クレタ・エーゲ人、トロイア人やその同族、フェニキア人、シュメール人、エジプト人たちは、地中海の周囲に、超自然的で純粋な霊性が充溢している同質の文明を形成していたようである。聖書では、これらの人々の大半はハム〔ノアの子〕の子孫と名づけられている。ヘレネ人は霊性をまったく知らずにギリシアにやってきた、とギリシアの作家たちは述べている。ここから、インド・ヨーロッパ語族のあらゆる人々に当てはまる結論を導き出せよう。聖書によると、「出エジプト」〔前十三世紀〕までイスラエルにはほとんど霊性がなかった。一般にヤーヴェ〔イスラエルの神名〕に関係づけられるインド・ヨーロッパ語族の人々と、聖書でセム族〔ノアの長子でハムの兄セムを祖とする民族〕とされている人々には、ふたつの種類があった。その一方は、自分が征服した民族から教えを授かり、その霊性に同化した。ケルト人、ギリシア人、バビロニア人といった人々がこの種の人々である。他方は、頑なに霊性に耳を傾けようとはしなかった。ローマ人とおそらくはアッシリア人、そして、少なくとも「出エジプト」までのヘブライ人といった人々がそうである。このことを踏まえて、ノアの三人の息子の逸話を考察してみよう。すると次のことが見えてくる。ノアは純粋で正義であり完全な存在であり、神秘家の裸性において神秘的陶酔を得て啓示を受けた。ハムはその啓示に与り、他のふたりの息子はその啓示を拒んだ。それゆえ、ハムの子孫を襲った呪いは、この世では純粋すぎるものと結びついた呪いということになろう。ヘブライ人は、カナン人の大虐殺を正当化しようと物語を設えたのであろう。だがエゼキエル〔前六世紀頃、バビロン捕囚時代の預言者〕ははっきりと、エジプトを地上の楽園にある生命の木になぞらえており、フェニキアを少なくとも歴史の草創期にはその木の傍らにいる智天使になぞらえている。こう考えるのが正しいならば、完全に純粋な霊性の流れは、古代文明を通じて有史以前のエジプトからキリスト教に受け継がれてきたことになろう。この霊性はピタゴラス主義に一貫して流れているものである。(ノアに結びつけられた啓示があることに着目しよう。というのも、聖書では、神が人間となることで神がみずから人間と契約を結び、虹はその表徴だと言われているからである。啓示がなければ、神と人間との契約はありえない。アイスキュロスとプラトンは、プロメテウスのうちに啓示を見ていた。ギリシアのノアであるデウカリオン〔人類の祖〕は、プロメテウスの息子である。)

今日では、言うなれば、洞察力を働かせることによってしか、ピタゴラス派の思想の核を摑みえない。そしてこの洞察力を働かせることができるのは、内側からのみ、すなわち、取り組んでいるテクストが孕む霊性的生を真に汲み取ることによってのみである。

核となるテクストは、ピロラオス〔前四七〇頃―前三八五、ピタゴラス派の哲学・数学者〕の二、三の断片と、『ゴルギアス』〔「弁論術について」の副題をもつ対話篇〕の一節、『ピレボス』の二節〔三節〕、『エピノミス』〔「法律後篇」の副題をもつ対話篇〕の一節である。アリストテレスないしディオゲネス・ラエルティオスが伝えている二、三の章句もある。これらに、ピタゴラス派ではないが、アナクシマンドロス〔前六一〇頃—前五四七頃、ミレトス派の哲学者〕の章句を付け加えねばならない。そうしてギリシア文明全体が、あたうかぎり精神に映し出されるようにせねばならない。

テクストは以下のとおりである。

ピロラオス（ディールス・クランツ『ソクラテス以前哲学者断片集』第一巻）〔巻末「補遺」を参照〕

DK44 B2
実在するものはすべて、限定するものないし無限定なるものあるいは限定し無限定なるもののいずれかである。かならずそのようになっている。無限定なるものだけではありえない。したがって、実在するものは、限定するもののみからも、無限定なるもののみからも生じえない。それゆえ、世界の秩序も、世界の秩序が孕む諸事物もあきらかに、限定するものと無限定なるものとの調和のうちに置かれている。

DK44 B3
すべてが無限定なるものであったならば、認識されるものが、そもそも何もないということになろう。

DK44 B4
認識されるものはすべて、数を孕んでいる。というのも、数がなければ、何も思考しえないし、何も認識しえないからである。

DK44 B8
一性《いっせい》は万物の原理である。

DK44 B7
最初の適合、すなわち、天球の中心にある一《いっ》なるものは、かまどを意味する〈ヘスティア〉と名づけられている。

DK44B11

数の本質と調和が虚偽を受け入れることは絶対にない。というのも、虚偽は数の本質と調和に属さないからである。嘘や嫉妬は、無限定なるもの、思考しえないもの、比例のないものの本質に属している。

虚偽が数のうちにその精神を吹き込むことはない。というのも、虚偽と数は本質的に相容れず、両者は敵対しているからである。真理は数を生み出すことに関わっている。真理と数は同一の根を有している。

数の本質は、認識を生み出すことである。それゆえ数は、あらゆる点に関して、困惑している人、無知なる人の導きの師となる。というのも、数とその本質がなかったならば、諸物にも、諸物それ自体にも、物と物との相互の関係にも、明晰なものは何ひとつないであろうからである。そう、数こそが、魂すべてを貫いて、あらゆるものを感覚に結びつけ、認識させ、相互に組み合わせ、身体を与えるのである。そうして、無限定でありなおかつ限定する諸物の関係をひとつひとつ力ずくで切り離すのである。

DK44 B6

自然と調和についてはこうである。神だけが、事物の永遠なる本質、すなわち自然それ自体を認識しうる。人間はそうしえない。しかし次の場合は別である。世界の秩序をなしている諸物の本質が支えとなるならば、限定するものないし無限定なるものの実在を、わたしたちは認識しうる。すべてを支えている諸原理はそれぞれに似ておらず、また、同じ根をもたない。それゆえ、何らかの仕方で諸原理に調和がもたらされなければ、世界の秩序が諸原理からなっているということは、ありえなくなってしまうであろう。というのも、似ているものや同じ根をもつものに、調和は必要ではないからである。似ていないもの、同じ根をもたないもの、同じ系にないものが、調和によって世界の秩序のもとに一緒に鍵をかけて閉じ込められることが不可欠である。

調和とは、ごちゃまぜになったものに統一がもたらされることである。調和とは、離れて思考する者たちの共通の思考である。

DK44B10

エウクレイデス〔前三三〇頃―前二六〇頃、アレクサンドリアの数学者〕の註釈者、プロクロス〔四一〇―四八五、新プラトン派の哲学者〕を参照のこと。

プラトンは数学の考えを援用して、神に関する驚くべき見方を数多く示している。そしてピタゴラス派の叡智は、あたかもマントのように、神の教義の神秘的な道を覆い隠している。これは、あらゆる「聖なる言葉(Hieros Logos)」に関して、『バッカイの巫女たち』に見られるピロラオスにも、神に関するピタゴラスの教育方法全般にも言えることである。

プラトン『ゴルギアス』

507d-508a

それぞれに、できるだけ早く放埒から逃れねばなりません。……そして、欲望に身をゆだねてはならず、欲望を満たそうとしてはなりません。そうすると際限のない悪のなかにあり盗人として生きることになります。このように生きるならば、他者とも神とも緊密な友情を築くことができません。というのも、結合がなければ友情はないからです。カリクレスよ、賢者の述べるところによれば、天と地、神々と人間たちとを結び合わせるのは、つながり、友情、秩序、節制、正義です。そうして、この宇宙は秩序（コスモス）と名づけられており、無秩序や放縦とは名づけられてはいません。だが君は、わたしの教えを受けていながら、このことに注意を払っていないようです。君は、神々においても、人間においても、幾何学的平等が大きな力をもつことに気づいておらず、知識の習得に専念すべきだと思っています。それは君が幾何学に注意を払っていない、ということを意味しています。

16b-17a

〔プラトン〕『ピレボス』

これより美しい方法はないし、またありえないでしょう。わたしはいついかなるときでもこの道を愛しています。だがこの方法は、しばしわたしから逃れ去り、わたしを見捨て、途方にくれさせます。……ここに、神々から人間への贈り物があります。少なくともそのことがわたしにははっきりとしています。その贈り物とは、プロメテウスという者が眩いばかりの火とともに、神々が住まう場所から投下したものです。古代の人々はわたしたちよりもそれに値しており、神々のすぐ傍らに住んでいました。その古代人の言い伝えを、わたしたちは受け継いでいます。それはこうです。永遠と言われている実在は一と多からなっており、それらのうちに限定と無限定とを根づかせています。したがって、永遠なる秩序が諸物のうちにあるならば、どのような領野でも、このような一性《いっせい》を探究し、それを措定せねばなりません。それは確かにあるのですから、かならず見出されるはずです。一性を見出したならば、つづいて一性にしたがって二元性を検討せねばなりません。そしてもし二元性を見出したならば、三元性ないし多元性を検討せねばなりません。次に、これらに付随した一性ひとつひとつについても同様に検討せねばなりません。ついに、本来一《いっ》であったものは、一であり多であり無限定なるものとしてあらわれるのみならず、数をともなってあらわれてきます。多という数、無限定と一性の媒介となる数を完全に見極めるまで、多を無限定と呼んではなりません。ここに至ってはじめて、あらゆるものの特別な一性《いっせい》を無限定なるもののうちに消失させねばならないのです。ところで、すでに述べましたように、神々はわたしたちに、探し、学び、教えるための方法を伝授しました。今日教育を受けた人々は、たまたま一性を成立させているにすぎず、時宜を心得ることなく多性を成立させており、それゆえ、すぐさま一性から無限定なる諸物へと移行してしまいます。こうして媒介するものを逃してしまうのです。

・・・・・・・・・・・・・・・・・・・・・・・・・・・

26b ここから、つまり、無限定なるものと限定を孕むものとの混合から、季節と美しいすべてのものが生み出されたのです。

（限定とは、「対等なもの、二重のもの、相反するものが離れないようにして、それらに数を刻印することで均衡を保たせ、一致させるあらゆる働きの本質です」。）

・・・・・・・・・・・・・・・・・・・・・・・・・・・

31b

こうしたわけでわたしたち生あるものの調和が崩れてしまうと、自然本性もまた崩れ、痛みが生ずる、とわたしは述べました。ふたたび調和が生じ、もともとの自然本性へと還帰するならば、歓びがあらわれます。しかし、このような重要なことについては、言葉少なに、手短かに語らねばなりません。

〔プラトン〕『**エピノミス**』

990d-991b

この学問（算術）を学んだ人は、すぐさま続いて幾何学《ジェオメトリ》＝測地術というきわめて奇妙な名で呼ばれているものにとりかからねばなりません。問題となっているのは、もともと似ていない数と数を同じものとすることです。平面図形を用いるとこの同化が可能となります。思考できる人誰しもにとって、この驚異は神によって生み出されたものであり、人間によって生み出されたものではない、ということはあきらかです。つづいてさまざまな三乗の数があらわれ、立体の諸特性によってそれぞれ似たものとなります。似ていない数と数とが似たものとなるのは、それが発見されたときには幾何学＝測地術と名付けられていた技芸と似た技芸によってです。観照し、思考する人々にとって超自然的で奇跡的なことは、こうです。すなわち、累乗は二乗を永遠に繰り返していきますが、自然全体は相反する関係にあるものの形姿と本質を刻み込まれており、それはそれぞれが比例関係にあるということです。まずはじめに、二倍という関係の比例、すなわち1：2の比が永遠に進んでいる〔等比〕数列です。次に、累乗を繰り返す数列、さらにそれを倍にした、立体すなわち触れられるものにまで行きつく数列であり、項が1から8に広がるものです〔1：2^3〕。そして1：2の関係にある数のあいだには中項があり、より大きい数とより小さい数からの距離が均等である〔等差数列をなす〕算術的中項、また、おなじ比によってより小さいものを超え、より大きいものに超えられる――6と12のあいだの8と9のような――調和的中項があります。これらふたつの中項と当初の二項とのあいだの距離は、それによって人々がリズムと調和を習得するために、声と均衡の一致を用いる部分を受け入れたものであり、それは、詩歌の女神ムーサの至福の合唱という贈り物です。

31b-32a

『ティマイオス』

ふたつのものが、第三のものなしに、ただふたつだけで見事に結び合わされることはありえません。その真中に、両者に一性をもたらすつながりが必要です。そのつながりのなかでもっとも見事なものはといえば、自らが結び合わせる両項をそれ自身と完全に一《いっ》にするものです。さらにこうした一性を本質的にもっとも見事に体現しえているのが幾何学的比例です。というのも、三数のうちで、任意の三数ないし三つのかたまりのあいだに中間項があり、初項対中項が中項対末項に等しく、その反対に、中項対初項が末項対中項に等しいとすると、中項はかならずいつでも初項と末項になり、初項と末項はどちらも中項になります。こうして、すべてがかならず同一となり、相互に同一となれば、それらは一《いっ》となります。

「ヨハネによる福音書」

一七・一一—一二　聖なる〈父〉よ、あなたの名において、あなたがわたしに与えてくださった人々を守ってください。わたしたちのように彼らも一《いっ》であるように。……父よ、あなたがわたしのうちにあり、わたしがあなたのうちにあるように、彼らもまたわたしたちのうちにあるように、すべての人々を一《いっ》にしてください。……そして、あなたがわたしに与えてくださった栄光をわたしは彼らに与えました。わたしたちが一《いっ》であるのと同じく、彼らも一であるようにです。彼らが一性において完全となるために、わたしが彼らのうちにあり、あなたがわたしのうちにありますように。

一七・一八　あなたがわたしを世界へ送ってくださったように、わたしもまた彼らを世界に送りました。

一〇・一四　わたしは善い羊飼いです。わたしはわたしの羊たちをよく知っており、わたしの羊たちはわたしをよく知っています。〈父〉がわたしをよく知っており、わたしが〈父〉をよく知っているように。

一五・九　〈父〉がわたしを愛したように、わたしもあなたたちを愛しました。わたしの愛のうちに住まわりなさい。わたしの命《めい》を守るならば、わたしの愛のうちにあなた方は住まうでしょう。わたしが〈父〉の命を守り、その愛のうちに留まっているように。

『饗宴』 202d-e

愛《エロース》は偉大なるダイモーンです……。ダイモーンとは、神と人間を媒介するもの（intermédiaire）です。……神と人間の真中にあり、万物がそれ自身に結び合わされるように、その距離を埋めてゆきます。

『饗宴』 210c-d

諸学問の美を見るために……、美の大海へと向き直りつつ。

アナクシマンドロスの断片 〔DK12 B1〕

これが、諸事物の誕生の出発点であり、そしてまた諸事物の破壊という終局点である。それは必然性に一致して生み出される。というのも、諸事物はその不正義のために、時間の秩序にしたがって、それぞれがそれぞれからの罰と償いを堪え忍ぶからである。

古代の哲学史家たちは、ピタゴラス派の章句を伝えている。そのなかにいくつもの明晰ですばらしいものがある。たとえば、「故郷を離れるものは振り返らない（μηδ᾽ ἀποδημοῦντα《メードゥアポデームーンタ》 ἐπιστρέφεσθαι《エピストゥレペスタイ》）」〔DK

58 C6〕。これは肉体の死にかかわるものである。だが離脱をあらわしているのは疑いようがない（「鋤を手に取り、後ろを振り返るものは、神の国には入れない」（ルカ九・六二）と聖書で言われていることに照応している）。さらに、「神殿に入る際には、崇め、話さず、俗世のことにかかずらってはならない」、「神に従う人は、なによりも言葉の師である」（cf.聖ヤコブの手紙〔三・二〕）というようなものもある。「ランプの傍らで自分を鏡に映して見てはならない」。この章句が意味するのは、神を思うときに自分のことを思ってはならない、ということであろう。「神々や神の教義にかかわるどのような驚異に対しても、信仰を欠いてはならない」。「自分の心を蝕んではならない」。「もっとも正義なるものは犠牲である。もっとも賢しいものは数である」。「パンを粉々にしてはならない。というのも、もうひとつの世界の裁きにとってよくないからである」という章句には格別の響きがある。

　きわめて曖昧な章句もある。「正義は二乗の数である（ἡ《ヘー》 δικαιοσύνη《ディカイオシュネー》 ἀριθμὸς《アリトゥモス》 ἰσάκις《イサキス》 ἴσος《イソス》）」〔DK58 B4〕、とアリストテレスは侮蔑的に引用している。また、「友情は、調和からなる平等である（φιλίαν《ピリアン》 ἐναρμόνιον《エナルモニオン》 ἰσότητα《イソテータ》）」〔DK58 B1〕という章句をディオゲネス・ラエルティオスは引用している。

　これらふたつの章句および後に引用する多くの章句は、比例中項と、神学的な意味合いをもつ媒介の観念を鍵としており、比例中項は媒介のイメージとなっている。

　ピタゴラス派の人々にとって、一性《いっせい》は神の象徴であると言われている。アリストテレスを含む何人かの人々は、プラトンもそう考えていたことを証言している。一般にそう言われているのとは異なり、ヘラクレイトスにもピタゴラス派に酷似する点が数多く見られる。「唯一の叡智である一性は、ゼウスと名づけられることを欲し、かつ欲していない」〔DK22 A32〕、とヘラクレイトスは述べている。

創造された事物はそれぞれ、数を象徴として有している、そうピタゴラス派の人々はみなしていた。彼らが数をどう捉えており、数と事物とのつながりをどう捉えていたのかは、ここではさほど重要ではない。

数には一性《いっせい》との特別のつながりをもつ数がある。二乗数ないし平方数がそれである。それらと一性のあいだには、媒介によって諸関係の平等性がもたらされる。

$$\frac{1}{3} = \frac{3}{9}$$

〈父〉が〈子〉のうちにあるのと同じく神の子が理性をもつ被造物のうちにあるならば、被造物は完全なる正義である。『テアイテトス』〔176b〕でプラトンは、正義とは神に似ることである、と述べている。相似とは幾何学では比例を意味する。きわめて神秘的なピタゴラス派の章句とプラトンの章句はあきらかに同じ意味を有している。〈子〉が〈父〉に属しているのが正義であるのと同様、神の〈子〉に属している人間は正義である。この類比関係は、字義通りには一致しないかもしれないが、人間に求められている完全性とは、このようなものでなければならない。というのも、聖ヨハネの多くの章句で〔ヨハネ一七〕、弟子とキリストの関係、さらに、キリストと〈父〉の関係をあらわすのに、同じ語が繰り返し用いられているからである。ここではあきらかに比例に関する数学の定式が暗示されている。

比例に関する『ティマイオス』〔31c〕の節は、数学的ではない読み方を導く指示がある場合でも、厳密にもっぱら数学にのみ適用されると解釈されうる。手始めに当該の節を見てみよう。「もろもろのつながりのなかでもっとも美しいものは、自らが結び合わせる両項を、それ自身と完全に一《いっ》とするものです」。この条件が真に具現されるのは、第一項のみならず、つながりそのものが一性《いっせい》すなわち神である場合のみである。この解釈が絶対であるとは言えないが、『饗宴』〔202e〕でプラトンは、神と人間のあいだの愛《エロース》の媒介の働きを、つながり（lien）という同じ言葉で定義している。さらに、「プラトンは、数学の観念を用いて、神にかかわるすばらしい多くの教説をわたしたちに提示している」、とプロクロスははっきり述べている。

（先に引用した章句に加えて）次のピロラオスの章句はいっそう明晰である。「数の本質と美徳は、宗教的なものや神的なものだけでなく、人間のあらゆる行為や言葉、さまざまな技術的操作や音楽などいたるところで、どれほど効力をもっているのかを見ることができよう（ἴδοις《イドイス》 δὲ《デ》 κα《カ》 οὐ《ウー》 μόνον《モノン》 ἐν《エン》 τοῖς《トイス》 δαιμονίοις《ダイモニオイス》 καὶ《カイ》 θείοις《テイオイス》 πράγμασι《プラグマシ》 τὰν《タン》 τῶ《トー》 ἀριθμῶ《アリトゥモー》 φύσιν《ピュシン》 καὶ《カイ》 δύναμιν《デュナミン》 ἰσχύουσαν《イスキューサン》, ἀλλὰ《アッラ》 καὶ《カイ》 ἐν《エン》 τοῖς《トイス》 ἀνθρωπικοῖς《アントゥローピコイス》 ἔργοις《エルゴイス》 καὶ《カイ》 λόγοις《ロゴイス》 πάντα《パンタ》 καὶ《カイ》 κατὰ《カタ》 τὰς《タス》 δημιουργίας《デーミウールギアス》 τὰς《タス》 τεχνικὰς《テクニカス》 πάσας《パサス》 καὶ《カイ》 κατὰ《カタ》 τὰν《タン》 μουσικάν《ムーシカン》）」〔DK44 B11〕。

（「宗教的なものや神的なもの δαιμονίοις《ダイモニオイス》 καὶ《カイ》 θείοις《テイオイス》 πράγμασι《プラグマシ》」とは、すなわち『饗宴』を参照するならば、〈媒介〉としての神にかかわることである）。

これはあきらかである。ピロラオスが述べているように、数学が神学にのみ適用されると思うのは誤りである。数学は、驚くべき照応の結果、神学のみならず、人間の事柄や音楽や技術にも適用される。

比例に関する『ティマイオス』の一節が字義通りの意味だけでなく、神学的な意味をも有するならば、それは、聖ヨハネによって引用されるキリストの言葉の意味にほかならない。

暗示されるものはあきらかである。キリストはイザヤのいう苦しみの人〔イザヤ書五三・三―四〕、イスラエルのあらゆる預言者のいう救世主《メシア》であるだけではなく、ギリシア人が何世紀にもわたって粘り強く考察してきた比例中項ともみなされていた。

整数を考察する際、わたしたちはそれを二種類に分けている。比例中項を用いて一性《いっせい》に結合される4、9、16といった整数と、それ以外の整数である。ピタゴラス派の人々が述べているように、前者が完全なる正義のイメージとなるならば、罪のうちにあるわたしたちは後者に酷似している。

ギリシア人が幾何学を発明したのは、これら惨めな数にどうにかして媒介を与えようとしてのことであろうか。幾何学の起源をこう捉えると、先述のピロラオスの言葉や、次のプラトンの『エピノミス』の言葉と符合する。これは口述の教えが全体に感じられる作品である。「この学問（算術）を学んだ人は、すぐさま続いて幾何学＝測地術というきわめて奇妙な名で呼ばれている学問に移らねばなりません。問題となっているのは、もともと似ていない数と数とを同じものとすることです。平面図形を用いるとこの同化が可能となります。思考しうる人誰しもにとって、この驚異は神によって生み出されたものであり、人間によって生み出されたものではない、ということはあきらかです」〔『エピノミス』990d〕。

これら数行によって幾何学は、今日実数と名づけられている、2ないし2以外の平方数でない数の平方根がその例となる学と定義されている。すなわち、幾何学は、無理数という平方根の学にほかならない。

タレス〔前六二五頃—前五四七頃、イオニア学派の開祖〕が発見したとされる相似三角形の観念は比例とかかわる。だが、媒介にはかかわらない。この観念は、$\frac{a}{b}=\frac{c}{d}$という四項の比例をも意味している。資料がないため、タレスが幾何学の研究をしていた際、媒介の研究（すなわち$\frac{a}{b}=\frac{b}{c}$という三項の比例）を可能ならしめようとしていたのかどうかはわからない。

その反対に、相似三角形の諸条件を認識しさえすれば、次のことが見えてくるのは確かである。「斜辺と垂線の足から直角三角形を作図せよ」と当該の問題を置き換えることができる。「ふたつの線分のあいだに比例中項を見つけよ」と問われたとき、厳密に思考を連携させれば、円のなかに直角三角形を作図すると後者の問題は解ける。これは、ピタゴラスがそのために生け贄を捧げたと言われている定理である。

ともかく幾何学は、はじめからそうであったかどうかはわからないが——媒介の探究であり、数に本来欠如している媒介という驚異を与えてきた。この驚異は長い間ピタゴラス派の偉大な神秘のひとつであったと言われている。より正確には、ピタゴラス派の神秘は、比例関係にある諸項は通約しえないということであった。ピタゴラス派の人々がこの驚異を秘匿していたのはその体系と矛盾するからだと誤解されてきたが、そのような低劣さはかれらにふさわしくなかろう。

ピタゴラス派の人々にとって ἀριθμός《アリトゥモス》 と λόγος《ロゴス》 は類義語であった。通約しえない関係を、彼らは λόγοι《ロゴイ》 ἄλογοι《アロゴイ》 と名付けた。平方数でない諸数を一性に結びつけるには、数とは無縁の領野からやってくる媒介、すなわち、矛盾と引き換えにしてはじめて働く媒介が必要である。一性と数との媒介は、一見したところ、数より下位のもの、無限定なるもののように思われる。ロゴス・アロゴス（logos alogos）は、躓きの石であり、不合理であり、自然本性に反するものである。

『エピノミス』が示しているように、ギリシア人は感覚的な自然本性のうちに、至高の真理の表徴、すなわち刻印としての媒介を見出すことをも驚異だと感じていた。たとえば音楽の場合がそうである。音階は音としては幾何学的中項を孕まないが、幾何学的中項は音のまわりに対称的に置かれている。一音とオクターブ上の音のあいだに、さらに四度と五度のあいだに、同一の幾何学的中項がある。6、8、9、12という数字から、これはすぐさま見てとれる。というのも、$\sqrt{6 \times 12} = \sqrt{8 \times 9}$ だからである。四度と五度はそれ自体、オクターブの音のあいだの二種類の中項である（というのも、$\frac{8-6}{6} = \frac{12-8}{12}$ であり、$12 - 9 = 9 - 6$ だからである）。『エピノミス』〔900d-991a〕によれば、これは音楽の調和の原理である。『饗宴』で調和は諸関係の一性であるホモロギア（*homologia*）と言われており、この言葉はもっとも厳密な意味で比例をあらわすはずである。

ギリシア科学はすべて、あらゆる分野にわたって三項ないし四項の比例の探究である。こうしてギリシア人は、たえず固定された関係によって結び合わされる、比例的に変化するふたつの量の関係となる関数の観念を発明したのである。アルキメデスの浮力の理論は、この観念を、最初に、そしてもっとも卓越した形で、自然の研究へ応用したものである。この理論は純粋に幾何学的なものである。現代の科学的な世界観からわたしたちが法則と呼んでいるものは、関数の観念を自然に適用したものである。

わたしたちの科学の魂は論証である。実験的な方法は、演繹の果たす役割がなければ、粗雑な経験主義と何ら変わらない。現在入手可能な資料によると、論証を整数の領域の外に移したのはギリシア人が最初であり、それは幾何学を発明し、それを自然の研究に適用することによってである。ギリシア人はキリストの愛と欲求ゆえに論証を発明したと考えるならば、筆舌に尽くしがたい陶酔に促されるであろう。線と面との諸関係が技術への応用だけを目指して研究されたのであれば、それが確実である必要はなく、近似的なものでもよかったはずである。

ギリシア人は神の諸真理に対して確実性をもつ必要があった。それゆえこれらのイメージに対してもあたうかぎりの確実性を必要としたのである。おそらく有史以来人間はずっと、整数が真理の似姿《イマージュ》としてふさわしい、とみなしてきた。それは、整数が完璧な正確性と確実性を有しているというだけでなく、整数の諸関係が孕んでいる神秘のためである。とはいえ、整数間の諸関係の明晰さはいまだ感性的なものである。

ギリシア人は、すべての項が整数である比例と完全に同一の厳密さを有する無理数の比例を探究して、さらにいっそう高次の明証性を見出した。こうして彼らはそこに、神の真理にいっそう適うイメージを見たのである。

ギリシア人は宗教的な自然本性によって幾何学に執心していた。そのことを証言しているいくつかのテクストがある。だがそれだけではない。次のきわめて神秘的な事実からもそれはあきらかである。ギリシアには、衰退の原因をつくった張本人であるディオパントス〔前三世紀、アレクサンドリアの代数学の祖〕以前には代数学がなかった。紀元前約二千年頃バビロニア人は、二次方程式、さらには三次、四次方程式をも有する代数学をもっていた。ギリシア人はほぼ間違いなく代数学を知っていた。ただ彼らは代数学を欲してはいなかったのである。ギリシア人の代数学の知識はきわめて進んでおり、そのすべては彼らの幾何学に生かされている。

一方でギリシア人は、発見された定理の豊饒性や重要性を重視していたのではない。彼らは論証の厳密性だけを重視していた。そしてこの精神性をもたないものは軽蔑されたのである。

実数の観念は、ある数を一性《いっせい》に結びつけるという媒介によって生み出された。この観念は、算術の論証と同じく、厳密で明晰な論証の素地となる。だが想像力はそれを把握しえない。知性はこの観念のおかげで、知性が思い描くことができない諸関係を正確に把握することができる。ここに、信仰という神秘への驚くべき導入がある。

ここから確実性へいたるある段階を把握できる。その段階とは、不確実だが容易に把握しうる感覚的世界をめぐる思考から、確実だが把握しえない神をめぐる思考にいたるまでである。

数学は二重の意味で両者の思考の媒介となる。数学には、確実性への媒介をなす段階と把握しえないものとの媒介をなす段階がある。数学は、感覚的な諸事物と神の諸真理の映《イマージュ》しを統括する必然性の総体を包み込んでいる。つまり、数学の中心には媒介の観念があるのだ。

ギリシア人がこの詩を直覚してしまったとき、それに陶酔してしまったのであろうことが容易に理解される。ギリシア人は数学のうちに啓示を見る権利を有していたのである。

今日わたしたちはもはやこのことを把握しえない。なぜなら、絶対的に確実なものは神の事柄にのみ適っているのだ、という考えを失ってしまったからである。わたしたちは物質的な事柄に対してのみ確実性を求めている。神をめぐる事柄に関しては、信仰があればそれで足りるとしている。たしかに、ただ信じるというだけで、もしそれが集団的感情の炎によって心底熱くされるならば、確実性の力を難なく手に入れることができる。それもまた信仰であるとされているのだが、そこで得られる確実性の力は虚偽である。

知性があまりにも粗削りのものとなってしまったために、到達しえない神秘をめぐる真正で厳密な確実性がありうるのだ、ということをいまではもう理解しえない。この点に関して数学を用いると、無限に貴重な成果が得られるであろう。この視点から見ると、数学は何にも代えがたいものとなる。

完璧な厳密性への希求がギリシアの幾何学者たちのうちには宿っていた。だがそれは彼らとともに失われてしまった。そして数学者たちがふたたびこの希求をもつようになったのは、つい五〇年前のことである。完璧な厳密性への希求は今日なお数学者にとっての理想であり、それは、芸術のための芸術〔十九世紀ロマン派の中心的命題の一つ〕と高踏派の詩人が詠った理想と類似のものである。だがそれは、真正なキリスト教がふたたび現代に濾過されてくるフィルターのひとつである。厳密さへの希求とは物質的なものではない。この希求が絶対的なものとなれば、数学では、その対象とその条件に対してあまりにも均衡を欠いたものとなる。ちなみに数学が対象としているのは量の諸関係であり、条件としているのは、全公理を無作為に選ばれた何らかの公理に導く公理体系である。それゆえ数学ではこの希求は自壊してしまうわけである。厳密さへの希求が数学にあらわれねばならないのは、いつの日か真空において行使される要求としてである。その日がやってくるならば、この希求はほぼ完璧に満たされるであろう。確実性への欲求は、その真の対象に出会うであろう。

神の慈悲は数学を単なる技術に貶めはしない。というのも、技術面からのみ数学に取り組むならば、技術面においてすら成功できないからである。これはロシアですでに経験ずみのことである。技術は純粋科学とのかかわりで多くに応用される。だが余剰として応用されるにすぎず、直接応用はしえない。この摂理的な配剤ゆえに、低俗にすぎる物質的なものに終始するわたしたちの文明に、理論的で厳密かつ純粋な科学の核が存続しえたのである。この核は、神の息吹と光が差し込んでくる隙間である。もうひとつの隙間は、芸術における美の探究である。さらにもうひとつの隙間は不幸である。これら隙間から入らなければならない。満ち足りた場所から入ってはならない。

「友情は調和からなる平等である（φιλίαν《ピリアン》 εἶναι《エイナイ》 ἐναρμόνιον《エナルモニオン》 ἰσότητα《イソテータ》）」という章句は途轍もない意味に満ちている。それが可能となるのは、神との関係、神と人間との結合の関係、人間同士の関係において、調和という語のピタゴラス的な意味を考慮する場合である。調和は比例であり、なおかつ相反するものの一致でもある。

この章句を神に適用させるために、「離れて思考する者たちに共通する思考（δίχα《ディカ》 φρονεόντων《プロネオントーン》 συμφρόνησις《シュンプロネーシス》）」〔DK44 E10〕という、一見したところきわめて奇妙な〔ピロラオスの〕調和の定義に近づけてみなければならない。

離れて思考しながらともに思考する者、これをそのままに具現しているものはただひとつしかない。それは三位一体である。

「思考とは思考の思考である」というアリストテレスの章句〔『形而上学』一二巻九章 1074b32-34〕には、三位一体が孕まれていない。なぜなら、思考という名詞が能動的な意味にも受動的な意味にもとれるからである。ピロラオスの章句には三位一体が孕まれている。なぜなら、思考するという動詞が能動態だからである。

この章句を深く考察してみると、知性の上で三位一体の教義をもっともよく理解しうる。神を一《いつ》なるものとして考えるとどうであろうか。神をモノとして考えるならば、神は働きではなくなってしまう。そして神を主体として考えるならば、働きとしてあるためには客体が必要である。とすると、創造は必然性となり愛ではなくなってしまう。だが神は、いついかなるときでも愛であり善であろう。

わたしたち人間は、絶え間なく客体と接触することではじめて主体となる。それゆえ主体でありなおかつ客体である神を思い描く場合にのみ、完全性としての神を思い描くことができる。

だが神はいついかなるときも主体である。思考する者であり、思考される者ではない。神の名は「わたしは在る」〔出エジプト三・一四〕である。それは主体としての神の名であるだけではなく、客体としての神の名でもある。主体と客体の接触としての神の名である。

あらゆる人間の思考には三つの項が孕まれている。思考するペルソナである主体、思考される客体、そして両者の接触である思考である。「思考は思考の思考である」というアリストテレスの章句は、思考という語を三者別様の意味でとるならば、この三項を指し示すことになる。

神をモノとしてではなく、思考する思考として思い描くために、神の思考のうちにこれら三項を思い描かなければならない。だが神の威厳は、神がただひとつの神であるにもかかわらず、これら三項それぞれが〈ペルソナ〉であることを要求する。神の威厳は、思考という語が神に関わる場合、けっして受動態では用いられない。思考するという動詞が神にまつわるものである場合、能動態でしか用いられないのである。神が思考するとは、神が思考する存在でもあるということだ。こうしたわけで神について〈子〉、〈似姿〉、〈叡智〉と言われるのである。

それは、思い描けない神という性質を、他なるものであるわたしたち人間が把握しうる完璧な思考である。神についてわたしたちがもちうる他のあらゆる表象は、より容易く想像しうる。だが完全性からははるか無限に隔てられている。こうしたわけで知性は、全的に、不確実性を残さずに三位一体の教義に参与しうる。知性がそれを理解できないにもかかわらずにである。

離れて思考する者たちに共通する思考という調和の定義を用いて調和からなる平等という友情の定義を解釈するならば、友情の最たるものは三位一体となる。平等とは一と多、一と二の平等である。調和によって相反するものから一性が生み出される。相反するものとは一性と多性であり、それらは相反するものの第一の対である。こうしてピロラオスは、一を原初のものと言い、一性を最初に作られたものと言うのである。彼は一性を、中心のかまど、中心の火であるヘスティアと名づけた〔DK58 B37. cf.一〇四頁〕。また火はつねに聖霊に照応している。「友情は調和からなる平等である」という先の章句はさらに、アウグスティヌス〔三五四—四三〇、西方キリスト教会の教父〕が『三位一体論』で提示したふたつの関係、すなわち平等と結合をも孕んでいる。三位一体は至高の調和であり、至高の友情である。

調和とは相反するものの一致である。相反するものの最初の対は一と二、一性と多性であり、それが三位一体となる（『ティマイオス』〔35a-b〕でプラトンが相反するものの最初の対の二項を〈同〉と〈他〉と名づけたとき、最初の調和として三位一体を念頭に置いていたのであろう）。相反するものの第二の対は、創造者と被造物との対置である。ピタゴラス派の言葉に置き換えるならば、限定するものと無限定なるもの——つまり外側から限定を受けるもの——との相関関係としてあらわされる。あらゆる限定の原理は神である。創造されたものとは神によって秩序づけられた物質であり、さらに神によるこの秩序づけの働きがもろもろの限定を課するのである。ここにも「創世記」であらわされている考えがある。これらの限定は、量あるいは量に類するものである。こうして、もっとも広い意味で限定は数である、と言えよう。ここから、「数とは一と無限定との媒介である」（『ピレボス』16c-e）というプラトンの章句が導き出されてくる。至高の一《いっ》は神である。神が限定を課する。

プラトンは『ピレボス』〔16d〕で、相反する最初の二対をそれらの秩序において示し、それらをわかつ階層をこう記している。「永遠と言われている実在は一と多からなっており、それらのうちに限定と無限定とを根づかせています」。限定と無限定とは創造のことであり、その根は神のうちにある。一と多とは、原初の起源である三位一体のことである。数は、三位一体における対立する項の第二項としてあらわれる。それを限定と同一視するならば、創造の原理において第一項としてあらわれる。したがって、数とは比例中項のようなものとしてある。銘記すべきは、ギリシア語のアリトゥモス（*arithmos*）とロゴス（*logos*）は類義語だということである。プラトンが『ピレボス』冒頭で述べている見方は、眩いばかりの深さと豊かさを有している。あらゆる研究とあらゆる技術——たとえば、言語やアルファベットや音楽の研究、等々——は、それぞれにこの主要な階層の秩序を再生産せねばならない。すなわち、一性と広義の数と無限定とを再生産せねばならない。こうして知性は信仰の映し《イマージュ》となる。

創造者としての神のうちには相反する第二の対がある。それゆえ、神のうちには調和と三位一体の教義のみからでは定義されない友情もある。神のうちには限定という創造および秩序の原理と、無限定という生気なき物質との一致もなければならない。そのため、限定の原理のみならず、生気なき物質と、限定の原理と生気なき物質との結合が、神のペルソナとなる。なぜなら、神のうちにはペルソナではない二項の関係はありえないからである。だが、生気なき物質は思考しないので、ペルソナとはなりえない。

解決不能な難題は、極限へと行きつくことで解決される。ペルソナと生気なき物質が交差する点がある。その交差点とは、断末魔の極みにあるひとりの人間である。これに先立つ状況は、この人をモノにしてしまうほどまでに過酷極まりないものであった。それは、十字架に磔となり、惨めな肉体をわずかに残して死に瀕している奴隷の姿である。

この奴隷が神であり、三位一体の第二の〈ペルソナ〉であり、第三の〈ペルソナ〉である神とのつながりによって第一の〈ペルソナ〉と結び合わされるならば、ピタゴラス派の人々が思い描いた完璧な調和が得られる。この調和では、相反するもの同士のかぎりなく隔たった距離において至高の一致が見出される。「離れて思考する者たちに共通する思考」。唯一の神の思考よりも一《いっ》なる思考はありえない。〈父〉と、「わが神、なぜわたしをお見捨てになられたのですか」〔マタイ二七・四六／マルコ一五・三四〕と永遠に響きわたる嘆きを発する〈子〉よりも離れて思考する者同士はありえない。この瞬間は、愛が完全なものとなる瞬間である。この愛はあらゆる認識を超えている。

存在論的証明は完全性による証明である。だがそれは一般に知性と言われているものに向けられてはいない。ただただ愛の息吹を吹きかけられた知性にのみ向けられている。この証明は神の実在性を示すだけではなく、三位一体、受肉、受難の教義をも指し示す。このことは、これらの教義が啓示なくして人間の理性によって見出されうるということではまったくない。そうではなく、知性がひたすら愛によって照らされているならば、これらの教義があらわれると、知性はそれらを確信せざるをえなくなる。これらの教義は知性の範囲を超えているので、知性にはそれらを肯定も否定もしえないはずである。そうであるにもかかわらず、知性はこれらの教義に同意せざるをえなくなってくる。神は三位一体としてのみ完全である。そして三位一体を成り立たしめているのは愛であり、この愛が完全なものとなるのは十字架上においてのみである。

神はその〈子〉に多くの兄弟を与えることを欲した〔ローマ人への手紙八・二九〕。友情をめぐるピタゴラス派の定義は、わたしたちと神の友情にも、人間同士の友情にも見事にあてはまる。

「友情は調和からなる平等である」。調和を幾何学でいう中項の意味でとり、神と人間とを媒介する唯一のものは神であり人間でもある者と捉えるならば、このピタゴラス派の章句から、「ヨハネによる福音書」の数々の見事な章句へと直行しうる。神とひとつになったキリストに倣うことでわたしたちは、悲惨さのうちにありながら、神とのある種の平等性にたどり着く。その平等性とは愛である。十字架の聖ヨハネは、経験に重きを置いて霊性的婚姻について語り、たえずこう繰り返している。至高の一致において、神は愛によって人間の魂と神自身とのあいだにある種の平等性を築こうとしたのである、と。聖アウグスティヌスもこう述べている。「神が人間となったのは、人間が神になるためである」、と。調和とはこの種の平等性の原理のことである。すなわち、調和とは、相反するものの同士のつながりであり、比例中項であり、キリストである。平等性というつながりに類比しうるものがある。だがそれは、神と人間とのあいだに直接見出されるのではない。それは、ふたつの関係性のあいだに見出される。

プラトンが『ゴルギアス』〔507e〕で幾何学的平等について語る際、おそらくこの表現はピタゴラスが用いる調和による平等とまったく同義であろう。おそらくどちらも厳密に意味が定められた技巧的な表現となっている。それは $\frac{a}{b}=\frac{b}{c}$ のように、共通項をもつふたつの関係のあいだの平等性である。というのも、幾何学的中項や幾何学的級数という語の「幾何学的」という形容詞は、比例を意味するからである。先述の章句で〔ヨハネ一七・二一―二二。cf. 一四二頁〕聖ヨハネは、きわめて明確にそしてきわめて力強く、この代数的側面を打ち出している。それゆえこれは欲せられたものであり、そこに暗示があるのはあきらかだ。そうであるからこそプラトンは、「幾何学的平等は神々にも人間にも多大な力を及ぼしている」と正々堂々と言えたわけである。友情の定義に続いて同じ節のなかに、「友情は、天と地、神と人間を結び合わせる」というもうひとつ別の表現が見られる。そして両者はまったく同義である。「幾何学者ならざる者、入るべからず」とアカデメイア〔前三八七年にプラトンがアテナイ西郊に開設した学校〕の門に記すことでプラトンは、「わたしを通らないものは誰も父のもとには行けない」〔ヨハネ一四・六〕という言葉でキリストがあらわした真理を、謎かけのかたちで、いわば語呂合わせとして述べたのである。「神は永遠の幾何学者である」というプラトンのもうひとつの章句には、おそらく二重の意味があったであろう。そのひとつは世界の秩序にかかわっており、もうひとつは〈ロゴス＝言葉（Verbe）〉の媒介的な働きにかかわっている。要するに、ギリシアにおける幾何学の誕生は、キリストを予言したもののなかでもっとも光り輝いているということである。こうして科学は、不誠実さのために悪の原理となったということがあるが、それはまさしく、キリストの手からパンを受け取ったとき悪魔がユダのうちに忍び込んだのと同様である。無関心なモノはつねに無関心なままである。それらは愛を拒んだために悪魔的な効用をもつ神的なモノにほかならない。科学が霊性的生活に及ぼしてきた影響のうちには、ルネサンス以来何かしら悪魔的なものがあるようだ。科学をただ自然のうちに置いたままこの状態を改善させようとするのは空しい営みであろう。科学のすべてがただただ自然のうちにあると思うのは誤りである。科学はその成果と実践への応用において自然のうちにあるが、その着想においてはそうではない。というのも、科学においては、芸術におけるのと同じく、あらゆる真の新しさは、天才のなせる業だからである。真の天才とは超自然的なものであり、才能とはまったく相容れないものである。魂に働きかける際にも科学はただ自然性においてそうするのではない。というのも、科学は信仰において確かなものとなるか、あるいはまた信仰から背いてゆくかそのいずれかであり、無関心ではありえないからである。科学がふたたびその起源と使命に忠実であるならば——グレゴリオ聖歌の旋律における音楽的な技巧が隣人愛に適うの同様に——数学における論証の厳密さは隣人愛に適うであろう。グレゴリオ聖歌には、バッハやモーツァルトの音楽よりもいっそう高次の音楽的技巧がある。グレゴリオ聖歌は純粋な技巧であるだけでなく、純粋な愛でもある。科学もまさにこうでなければならない。科学は、芸術と同様、世界の美の確かな映しとならねばならない。実際ギリシアではそうであった。石が彫像の素材であるのと同様に、論証の厳密さは幾何学という技芸の素材である。

友情をめぐるピタゴラス派の定義は、神にも人間にも当てはまる。この定義は、本質的に愛である媒介と、本質的に媒介である愛をあらわしている。プラトンが『饗宴』であらわそうとしているのもこのことである。

この同じ定義は——よりいっそう困難をともなうとはいえ——人間同士の友情にもあてはまる。なぜならピロラオスは、「似ているもの同士、同じ根をもつもの同士、同じ系列にあるもの同士には調和は必要ではない」〔DK44 B6〕と述べているからである。意義深いのは、ピタゴラス派の人々が人間同士にあてはまる友情の定義を最後に取り上げていることである〔DK58 B1a〕。最初に取り上げられるのは、神におけるペルソナ相互の友情である。続いて取り上げられるのが、神と人間との友情である。そして最後になってはじめて、ふたりないしそれ以上の人間同士の友情が取り上げられる。こうした段階を経ているからといって、ピタゴラス派の人々に人間同士の友情が存在していないわけではない。それは完全なかたちで存在している。なぜなら彼らのあいだにはダモンとピンティアス〔太宰治『走れメロス』のモデル〕のようなよく知られた友人関係が認められるからである。アリストテレスが徳のひとつに友情を入れたのは、ピタゴラス派の伝統に着想を得てのことであろう。イアンブリコス〔二五〇頃—三二五頃、新プラトン派の哲学者〕が誇張しすぎていないならば、ピタゴラス派の人々は、キリストが弟子たちに言い残した、「互いに愛し合いなさい」〔ヨハネ一三・三四〕という命法に通じる驚異的な次元における命法を認識し、それを適用していた〔『ピタゴラス的生について』第三三章 234-236〕。

ピタゴラス派の定義が人間同士にもあてはまるのは、人々が似ているもの、同じ根をもつもの、同じ系にあるものであるにもかかわらず、思考の上ではそうではないからである。それぞれの人にとって、自分だけがわたしであり、自分以外のすべてのものは他者である。わたしとは世界の中心であり、この配置は遠近法によって空間のうちに形作られてゆく。他者とは宇宙のかけらであり、わたしの近くに位置するかどうかで重んじられたりそうでなかったりする。大半の人々は事実上存在しないにひとしい。ひとりの人間が、個人的に知っていたり知らなかったりする自分以外の他者のうちに中心となる場所を移し替え、そこに自分の宝と心を置くことがありうる。このとき人は——かなり重んじられているときもあれば、かぎりなく小さいときもあるが——いずれにせよ単なる宇宙のかけらにすぎないものになっている。極度の恐怖によっても、確かな愛によっても、こうしたことは起こりうる。いずれの場合にも、ひとりの人間の宇宙の中心が他者のうちに見出されるならば、その移行は、その人を暴力的に他者に服従させる、機械的な力関係から生じたものである。こうしたことが起こるのは、希望であれ恐怖であれ、未来の思考すべてがその力関係によって必然的に他者からやってくる場合である。見かけ上はかなり異なるように思われるが、奴隷と主人、貧窮者と慈善家、近衛兵とナポレオン、愛する女、愛する男、父親、母親、姉、友人などがその愛の対象と結ぶ関係は、情け容赦のない機械的な従属関係という点では、本質的にみな同じである。この種の関係は、一カ月であったり、一日であったり、あるいは数分であったりという、ほんの短時間のあいだだけはふたりの人間を結びつけることができる。

一人称で思考する能力をしばし剝ぎ取られ、情け容赦なく他者に従属する場合を除いて、人は誰でも生気なきモノをそうするように、他者を自分の思い通りにしている。実際にその力をもつにせよ、頭のなかでそうするにせよ、そうである。だが例外となる場合がひとつだけある。それは、ふたりの人間が出会うに際しどのような力によっても一方が他方に従属することなく、それぞれが同程度に他からの同意を必要としている場合である。そこでふたりは、自分が一人称で思考しながら相手も一人称で思考することを心底理解する。このような場合、自然現象として正義が生じてくる。立法者は全身全霊を込めてこうした機会をできるだけ多く設えるべきである。だがこのようにして生じた正義には調和がない。これは友情のない正義である。トゥキディデス〔前四六〇—前四〇〇頃、歴史家〕がアテナイ使節団に言わせている次の言葉は、人間同士のあいだの自然的な関係を完璧に定義している。「人間の精神が客観的に見て正義であると言われるのは、両者が同一の論理的必然性を有する場合にかぎられる。その反対に、強者と弱者がいれば、強者がすべてをなし、弱者はすべてを受け入れる」〔『歴史』第五巻八九節〕。さらにトゥキディデスはこう続ける。「天則とは、自然の必然性によって優者がおのずと命令を下すことである、とわたしたちは確信している」〔同、一〇五節〕。

両者が同一の必然性を有する場合を除いて、正義は調和からなる超自然的な友情である。調和とは相反するものの一致であり、相反するものとは、世界の中心に位置するかの存在と、世界における微小なかけらにすぎないもうひとつの存在のことである。この両者が統合されるのは、自分が把握しているものすべてに対して、思考がある働きをなす場合にかぎられる。すなわち、遠近法がもたらす錯覚を本来の位置に戻し、空間を知覚させる働きをなす場合にかぎられるのである。世界のうちにあるものすべては、世界の中心ではなく、世界の中心は世界の外にあり、この世のなにものも「わたし」と言う権利をもたないことを認めねばならない。神がわたしたちに授けた、一人称で思考するという幻想の能力を、神に向けて、神と真理への愛によって放棄せねばならない。神が一人称で思考するということの能力を賦与したのは、愛によってその能力を放棄しうるためである。「わたしは在る」という権利をもつものは神のみである。「わたしは在る」とは神の名であり、他のいかなる存在の名でもない。だがこの放棄は、他者のうちにそれを置く幾人かの人々がそうするように、世界の中心というその人本来の位置を神のうちに移すことではない。それは神を愛することではないのである。それは、ラシーヌ〔一六三九―九九、フランスの劇作家〕の『フェードル』でエノーヌがフェードルを愛するように、『アンドロマック』でピラードがオレストを愛するように、神を愛することになってしまうのである。このように神を愛する人々がいる。だがたとえ殉教者として死んだとしても、その人の心のうちにあるのは神への愛ではない。神が「わたしは在る」と述べるのは正しい。だが人間が「わたしは在る」と述べるのは幻想にすぎず、この両者は無限に隔てられている。神は人間が想定するような仕方でのペルソナではない。ここに、神は人格的であるとともに非人格的でなければならない、とインド人が述べた言葉の深い意味がある。

一人称で思考する能力すべてを真の意味で放棄することによってのみ、すなわち、単なる移し替えではないこの放棄によってのみ、わたしたちは他人が自分と同じ人間であることを知る。この放棄は、わたしたちが神の名を思い浮かべていようがいまいが、神への愛にほかならない。こうしてふたつの命法〔「神を愛せよ」と「隣人を愛せよ」〕がひとつのものとなる。神への愛がまずはじめにある。だがわたしたちが思考する際、必然的にこの世に実在する対象について思考する。それゆえこの放棄は、かならず事物ないし人について思考することを通してなされることになる。事物を思考する際、わたしたちの神への愛は、世界の美への同意として、すなわち、ストア派〔キプロスのゼノンが前三世紀初頭に創始した哲学の一派〕の運命愛（*amor fati*）への同意としてあらわれる。雨と光が差別なく降り注ぐとは、天にいる父の完全性のこの世へのあらわれにほかならず、わたしたちが神を愛するとは、この神の無差別性に同意することにほかならない〔マタイ五・四五。cf.一七頁〕。そして人間について思考する際、わたしたちの神への愛は、隣人愛となってあらわれ出る。隣人とは、弱く不幸な人にほかならない。不幸なその人のすぐ傍を通り過ぎても、自然法則に従って、わたしたちはその人に目をとめることすらしない。真の同情が超自然的なものであるならば、真の感謝もまた超自然的なものである。

一人称で思考する能力を放棄するとは、あらゆる善＝幸福をかなぐり捨ててキリストに倣うことである。人間にとってのあらゆる善＝幸福とは、自分自身を中心としてそこから見られる全宇宙のことである。わたしたちは富や権力や社会的威信を求める。なぜなら、それらはわたしたちの一人称で思考する能力を高めてくれるからである。聖フランチェスコのように、字義通りの貧しさを受け入れるとは、自分の目にも、他人の目にも、まったく見えなくなるよう、無というあらわれを受け入れることである。スペインのある民謡が歌うように、「見えなくなりたければ、貧しくなるにしくはない」のである。無を受け入れることが真理への愛が極まることである。

「友情とは調和からなる平等である」という章句を人間にあてはめるならば、調和とは相反するものの一致である。相反するものとは、わたしと他者である。両者はあまりに隔てられており、その一致が見出されるのは神のうちにのみである。人間同士の友情と正義は――正義が状況によって外側から与えられる場合を除いて――ただひとつの同じ事柄である。プラトンもまた『饗宴』〔196c〕で、完全な正義と愛は同じものである、と述べている。「福音書」で人間同士の関係が語られる際、愛と正義という言葉は、区別なく同一の意味で用いられている。「福音書」では施しをめぐって正義という言葉が何度も用いられ、食べ物がなく困っているときにキリストに施しをしてくれた人は正義の人と呼ばれている。完璧な友人同士とは、生の大半で絶え間ない関係をもちながら、つねに互いが互いに対して完璧に正義である人間同士のことである。正義の行為は友情の閃光であり、ほんの一瞬ふたりの人間のあいだに瞬くものである。もし正義が一方向的なものであるならば、その友情は深い傷を負ったものとなるだろう。

友情という言葉が指示する三つの関係それぞれにおいて、神はつねに媒介者である。神は、神と神との媒介者であり、神と人間との媒介者であり、ひとりの人間ともうひとりの人間との媒介者である。神はその本質からして媒介である。神は、調和をもたらす唯一の原理である。だからこそ、神を讃える際、歌がふさわしいものとなるのだ。

「ふたりまたは三人がわたしの名によって集まるところには、わたしもそのなかにいる」〔マタイ一八・二〇〕という言葉をもって、キリストは友人たちに、友情という無限に貴重な善を、ひとつの慈善として約束したのである。そして、これはきわめて稀なことであるが、ふたりの真の友人が時間・空間のどこか一点にいるとき、神の名がどのように希われようとも、キリストはふたりのあいだにいる。あらゆる友情は、キリストを通ってやってくるのだ。

しかし、ある種の自己放棄やある種の友情には、たとえどんなにはっきりと、また情熱的に希われようとも、けっしてキリストがあらわれることはない。それは、一人称単数が放棄され、一人称複数がそれにとって代わる場合である。この関係のうちにある人間はいずれも、わたしと他者、あるいはわたしと他者たちではなく、「われわれ」という均一なかけらとなっている。そうしてそれらは、似ているもの、同じ根をもつもの、同じ系列にあるものとなる。したがってピロラオスの定式によれば、調和によって結ばれることがない。「われわれ」は、媒介なしに、その人たち自身で結ばれている。その人たちのあいだに距離がなく、神がひそやかに入りこむ真空の場所はない。仲間意識や個人的共感であろうと、同じ社会的階層、同じ政治的信念、同じ国家、同じ宗派であろうと、連帯というものほど友情に反するものはない。意識するにせよしないにせよ、一人称複数を孕む思想は、一人称単数を孕む思想よりも、いっそう正義から隔てられている。というのも、一人称複数は、神という媒介項を擁する三項の関係に収まらないからである。それゆえプラトンは、ほぼ間違いなくピタゴラス派から影響を受けて、あらゆる集団的なものを「動物的」と断定したのである〔『国家』492a-493d〕。これは、愛に張られたこの世でもっとも危険な罠である。無数のキリスト教徒たちが何世紀にもわたってこの罠に落ちてきたし、今日でもまた同じ過ちが繰り返されている。

力が必要とされず、互いの同意を模索する人間関係には、必ず超自然的な正義、超自然的な友情ないし愛が秘められている。互いの同意への欲求が慈愛である。それは、わたしたちに自律性を許容したもう神の、理解を超えた慈愛に倣うことである。

三位一体、受肉、神と人間との隣人愛、人間同士の隣人愛に加え、第五の調和形式がある。それは、モノとモノとの関係における調和である。あらゆる人間の身体も魂もモノであるならば、自由な同意の能力は別にして、モノである人間はすべてこの調和の形式に含まれるし、さらに個々の人間が「わたし」と言うものもそこに含まれる。だが、この第五の形式は互いの人格にはかかわらないので、友情を生み出すことがない。この形式が関係する相反するものとは、限定の原理と外から限定を受け入れるもの、すなわち神と生気なき物質である。媒介するものとは限定であり、もろもろの限定の網の目、あらゆるモノをただひとつの秩序のうちに包みこむ網の目である。老子はこれを指して、「天網恢々《かいかい》、疎にして漏《も》らさず」〔『老子』第七三章〕と述べている。

相反するものの対という観念は明晰というにはほど遠く、一見したところ曖昧ですらある。だが、それだけにきわめて深く、何世紀にもわたって認識論という名のもとに練り上げられてきた偉大なるものすべてを包み込んでいる。

「数はすべての事物に身体を授ける」〔DK44 B11〕とピロラオスは述べている。そして、「数はすべての事物を認識させ、グノモン〔日影棒を立てて計る初期の日時計〕の本性に基づいて互いに調和させる」と付け加えている。「グノモン」とは、第一義的には日時計の垂心盤のことである。軸は、影が一周しながら長さを変えていくあいだも固定されたままである。影の変化は、軸が固定されているので、太陽の周りを回る運動に従って決定される。この関係は、今日数学で不変項と変数群の名で呼ばれているものである。これは、人間の精神をめぐる根本的観念である。

「数はすべての事物に身体を授ける」という一文を目のあたりにすると驚かされる。身体ではなくかたち＝形式（forme）のほうがふさわしいのではないかと思われてくる。だがピロラオスの定式は文字どおりに身体でよいのである。知覚、錯覚、空想、夢、多かれ少なかれ幻覚に近い状態、これらに関する厳密で精緻な分析が示しているものはすべて、実在の世界の知覚は、必然性との接触がなければ、それ自身に似た誤謬と違わないということである（メーヌ・ド・ビラン〔一七六六―一八二四、哲学者〕、ラニョー〔一八五一―一九四、哲学者アランの師〕、アラン〔一八六八―一九五一年、哲学者、ヴェイユの師〕は、この点に関してもっとも見識があった人々である)。必然性はつねに、一定不変の関係から決定された変化の法則の総体としてあらわれる。実在とは人間の精神にとっては必然性との接触にほかならない。ここに矛盾がある。というのも、必然性は知性によって理解されるものであり、触覚によって理解されるものではないからである。こうして実在についての感覚は、調和と神秘をもたらす。ある物体の周りを巡るとき、わたしたちはその物体が実在していると確信する。それは、間断なく変化するあらわれをつくり出すが、それを決定するのは、あらわれとは別な、あらわれの外にある、あらわれから超越した固定化された形式である。この働きによって、対象が幻ではなくひとつのモノであり、身体を有していることを認識する。したがって、グノモンの役割を果たしている量の諸関係が、客体の身体となる。もっとも、ラニョーはピロラオスの定式を知らなかったであろうが、立方体を用いてこの考察をした。立方体の箱はどこから見ても、立方体の形をしていない。だが、立方体の周りを巡る人にとって、立方体の形式こそが目に見える形の変化を決定する。その決定が客体の身体をわたしたちに授けてくれる。それゆえ箱をじっと見つめていると、それが立方体ではないにもかかわらず、ほかならぬ立方体であると確信する。立方体の諸関係は、厳密に言えば、遠近法によって生じるあらわれとして見えてくるものではない。それは、日時計の軸と影の関係と同様である。おそらく立方体の例のほうがよりいっそう美しいであろう。両者の関係は、類比による移し替えによって、あらゆる人間の認識の鍵を提供することができよう。これらを熟考し尽くすならば、得られるところまことに大きい。

宇宙の実在は、わたしたちには必然性である。必然性の構造はグノモンの構造であり、それには支柱が必要である。必然性そのものは、本質的に条件的なものであり、支柱がなければ抽象的なものにすぎない。支柱は不可欠である。支柱をささえとして、必然性が創造されたものの実在を生み出す。だが、支柱についていかなる概念をも抱きえない。それは、ギリシア人たちが善い意味と悪い意味の両方を同時に意味するアペイロン（*apeiron*）という一語で呼んだものである。プラトンが、花托、母体、子宮と呼び、万物の母であるのと同時に、変わらず無垢で処女性を保つ本質と呼んだものである〔『ティマイオス』50d. cf. 一二五頁〕。水はその至高のイメージとなる。なぜなら、水は目に見え、触れられるが、色も形もないからである。この観点からすると、物質（matière）、母（mère）、海（mer）、マリア（Marie）という言葉が酷似していて、ほぼ同一でさえあることに着目せずにはいられなくなってくる。水のこのような特質は、洗礼で、洗う能力以上に水の象徴的な使用法を説明している。

わたしたちにとってモノは、必然性に従属しているものにすぎない。わたしたちはモノをそうとしか認識していない。必然性は、わたしたちには量的変化の法則からなっているものとしてあらわれる。厳密な意味で量がないところにも、量に類するものがある。量的変化の法則とは、関数（fonction）のことである。関数とは、ギリシア人が数ないし関係、すなわち、アリトゥモス（*arithmos*）ないしロゴス（*logos*）と名付けたものである。そしてこれこそが、限定するものでもある。等しい二角をもつ三角形を連続して並べてみると、関数のもっとも鮮やかなイメージを思い浮かべることができる。それが比例である。幾何学こそが関数の観念を目に見えるようにしたのである。

一人称で思考するかぎり、必然性は人間の敵である。実のところ人は、人と人とのあいだにもつ三つの関係を、必然性とのあいだにももっている。夢想にふけっているとき、ないし社会的権力を行使しているとき、必然性は奴隷の姿をしている。困難、欠乏、痛み、苦しみのうちにあるとき、とりわけ不幸のうちにあるとき、必然性は粗暴な絶対君主の姿となる。方法的な行為では、ある均衡点が見られる。そこでは、必然性の条件的な性格ゆえに、人間が追求しているいくつかの目的との関係において、必然性は障害であるのと同時に手段でもあるものとしてあらわれ、人間の欲求と宇宙の必然性のあいだに、ある種の平等性が見られる。この均衡点は、人間と世界の諸関係性のうちにあり、自然的な正義が人と人との諸関係にあるのと同様にである。したがって、労働や技術、人間のあらゆる活動を構成する際、必然性ができるだけ頻繁に得られるよう努力せねばならない。というのも、立法者に固有の使命とは、超自然的な徳の自然なイメージを社会生活のうちにできるだけ呼び覚ますことだからである。人間と宇宙の必然性とのあいだのこの活き活きとした均衡は、人間相互の諸力と必要との均衡に結び合わされる。もしこうしたことが長く存続しうるならば、この均衡点は自然本性的な幸福となろう。自然本性的な幸福を熱望することは善＝幸福であり、健全で貴重なものである。それは、食べ物の効用が化学成分にあって美味にはないにもかかわらず、美味なるがゆえに食べ物を好む子どもが健康であるのと同じことである。超自然的な歓びの経験とその欲求は、魂のうちなる自然本性的な幸福への熱望を破壊することなく、その熱望に十全な意味を与えてくれる。自然本性的な幸福は、美の感情によって完全に純粋な歓びが付け加えられるときにのみ、その真価を発揮する。その反対に、犯罪や不幸は、その方法は異なるものの、同じ効力で、自然本性的な幸福への熱望を永久に破壊してしまう。

方法的行為における人間の欲求と必然性との均衡は、単にひとつの像にすぎない。この均衡を実在と受け取るならば、それは誤りである。とりわけ、人間が目的としているのはつねに、単なる手段にすぎない。疲労がわたしたちに幻覚を見るよう強いるのである。疲労困憊の状態にある人は、自らの行為に執着することも、自らの欲求に執着することもやめてしまう。その代わりに、自分をひとつのモノだと感じるようになる。モノは強制によって押しやられているので、自分も他のものを押しやるひとつのモノだと感じるようになる。人間の意志には否応なく選択の感情が結びついている。だが人間の意志は、必然性に従属しているものすべてにおける一現象にすぎない。その証拠に意志には限界がある。無限だけが必然性の支配を超えている。

宇宙のなかで人間は、ひとえに必然性を自らの欲求に対する障害物であると同時に、達成の条件であると感じている。それゆえこの試練は、意志の行使に否応なく結びついている幻想からけっして完全に解き放たれてはいない。純粋に必然性だけを思考するためには、必然性を支えている物質から必然性を切り離し、必然性を相互に織りなされた織物とみなさなければならない。純粋で条件的なこの必然性は、数学や、数学に類する理論的で、純粋かつ厳密な思考の働きであるが、識別できないがゆえに、名付けえない思考の働きの対象にほかならない。今日かなり広まっている偏見とは裏腹に、数学はなによりもまず自然の学である。否むしろ、数学はただひとつの自然の学である。他の学問はいずれも、数学を個別に応用したものにすぎない。

こうして、条件的なものと考えられる必然性のうちに、人間のあらわれる余地はまったくない。必然性を思考するという働きを除くいかなる場合にも、人間は必然性に参与しない。必然性を思考するという働きを生み出す能力は、その本質からして言うまでもなく、必然性から、そしてまた、限定と数から逃れている。純粋に条件的な必然性のつながりとは、論証のつながりである。こう考えると、必然性はもはや、人間の敵でも支配者でもなくなる。だがそれは、見知らぬなにものかであり、自らに課されるなにものかである。感覚的な諸現象を認識するとは、それらのうちに純粋に条件的なこの必然性との類比を見きわめることである。心理的かつ社会的な現象についても同様である。各々の場合に即して、具体的かつ正確な仕方で、数学的な必然性との類比となる必然性の現象を見きわめる場合にのみ、わたしたちは必然性を認識する。こうしたわけで、ピタゴラス派の人々は、わたしたちが認識するのは数だけである、と述べたのであった。彼らは数学的な必然性を、数ないし関係（ロゴス〔*logos*〕ないしロギスモス〔*logismos*〕）と名付けていた。

数学的必然性は、人間のあらゆる自然的部分と人間のうちなる無限小の一点との媒介となる。人間のあらゆる自然的な部分は、肉体的・心理的な素材からなっており、人間のうちなる無限小のかけらは、この世界に属していない。この世で人間は、自らをはるかに超える自然の諸力の奴隷である。往々にして空しく、それらに抗おうと夢想を抱こうとも、そうである。世界を支配し、あらゆる人間を服従させるこの力は、あたかも鞭を手にする主人が奴隷を絶対的に服従させるようなものである。この力は、人間の精神が必然性という名で思い浮かべられるものと同じである。必然性と知性の関係は、もはや主人と奴隷の関係ではない。その反対に、奴隷と主人との関係でもなく、ふたりの自由な人間同士の関係でもない。それは、じっと見つめられる対象とその眼差しとの関係である。人間には、情け容赦のない力を必然性とみなし、あたかも一枚の絵に眼差しを注ぐように、それをじっと見つめうる能力がある。この能力は、人間のうちにあってもうひとつの世界に属するものではない。それは、この世界ともうひとつの世界との交差点にある。この世界に属さない能力とは、同意の能力である。

必然性に同意するもしないもその人の自由である。この自由が現実味を帯びるのは、力を必然性とみなすとき、すなわち、力をじっと見つめるときにかぎられる。人間は、力それ自体に自由に同意することはできない。奴隷は振りあげられた鞭を目の当たりにして、同意することも拒むこともせず、ただ震えるばかりである。しかし必然性という名のもとでの同意は、まさしくこの情け容赦のない力に対してなされるのであり、まさしくこの鞭に対してなされるのである。いかなる動機、いかなる動因も、この同意にとって十分ではありえない。この同意は狂気であり、創造、受肉、受難がひとつとなって神の狂気をなしているのと同じく、人間に固有の狂気である。神の狂気と人間の狂気は、互いに呼応し合っている。この世界がとりわけ不幸の場所であるというのは驚くに足らない。というのも、絶え間なく宙づりにされた不幸がなければ、人間のいかなる狂気も、神の狂気に呼応しえないからである。神の狂気は、創造の行為のうちにすでにそのすべてが孕まれている。神は創造にあたってすべてであることを放棄し、その存在の一部を自己以外のものに委ねる。創造は、愛による自己放棄である。行き過ぎた神の愛への真の応答は、自らすすんで苦しみを被ることではない。というのも、自らに課する苦しみは、それがどれほど強く、どれほど長く、そしてどれほど激しいものであったとしても、その人を破壊しはしないからである。自分で自分を破壊することは、人間がしうることではない。真の応答は、破壊される可能性に対して——実際に起こるかどうかは別として、不幸の可能性に対して——同意するということだけである。愛によっても、あるいは背徳によっても、自分で自分に不幸を課することはけっしてない。愛や背徳に感化され、ぼんやりとわれ知らず二、三歩踏み出しては滑りやすいところに赴く。そこで重力の餌食となり、石の上で転び、腰を砕く。せいぜいそんなところが落ちである。

必然性への同意は純粋な愛であり、いわば行き過ぎた愛ですらある。この愛は、必然性そのものや、必然性が織りなす目に見える世界に向けられているのではない。人間には物質を物質そのものとして愛する能力はない。人がある対象を愛するのは、自分のささやかな過去や望ましい未来を、思考によってその対象に宿らせているからである。あるいはまた、その対象が他の人物にかかわっているからである。わたしたちは、愛する人の思い出となる品を愛したり、天才である人の仕事となる芸術作品を愛したりする。宇宙はわたしたちにとってひとつの追憶である。愛するどのような存在にその追憶は向けられているのか。宇宙はひとつの芸術作品である。どのような芸術家がその創作者なのか。わたしたちはこれらの問いに対する答えをもちえない。だが必然性への同意を生み出す愛が自らのうちにきざすならば、答えはある。わたしたちはその証を経験的に有している。というのも、わたしたちは、他者への愛ゆえに必然性に同意するのではないからである。他者への愛は、ある意味ではこの同意の妨げとなる。必然性は、わたしたちのみならず他者をも押しつぶすからである。その同意は何ものかへの愛ゆえになされる。それは、ひとりの人間のペルソナそのものではないが、ひとつのペルソナのようなものである。というのも、ひとつのペルソナのようなものでないものは愛の対象にはならないからである。無神論をも含めて、宗教的な事柄に対して表明された信仰は何であれ、真正で無条件な必然性への完璧な同意があるところには、神への愛の充溢がある。同意のないところにそれはまったくない。この同意が、キリストの十字架へ参与するということである。

聖ヨハネは、かぎりなく貴重な他の多くの思想のなかから、ストア派の〈運命愛（*amor fati*）〉という教説をひとつの語に収斂せしめた。自らがもっとも愛を捧げ、またもっとも愛を受けた人間でありなおかつ神である存在を〈ロゴス〈*Logos*〉〉と呼ぶことによってそうしたのである。この〈ロゴス〉という言葉は、ヘラクレイトスから受け継いだギリシアのストア派から借りたものである。この語にはさまざまな意味があるが、その主要な意味は、必然性を成立させる変数の量的法則のことである。また、〈運命〈*Fatum*〉〉と〈ロゴス〉とは、意味論的にも類似している。〈運命〉とは必然性のことであり、必然性とは〈ロゴス〉のことである。そして〈ロゴス〉とは、わたしたちのもっとも激しい愛の対象の名そのものである。最後の晩餐のあいだ聖ヨハネが頭を胸元にもたせかけつつ、友であり主である人に傾けた愛は〔ヨハネ一三・二五〕、わたしたちを時に粥状のものにしてしまう数学的な因果律に帰着するその同じ愛である。それはあきらかに狂気である。

キリストの数々の言葉のうちでもっとも深くまたもっとも晦渋なもののひとつは、この不合理を露わにしている。必然性に対して人々が向ける無念の思いとは、道徳的価値に対する絶対的な無関心性である。正義の人も罪ある人も平等に太陽と雨との恩恵を受ける。そしてまた、正義の人も罪ある人も、平等に旱魃に遭い、洪水に溺れる。天なる父の完全性の表現として、じっと見つめ、倣いなさい、とキリストが促すのは、まさしくこの無関心性のことである。この無関心性に倣うとは、ひたすらこの無関心性に同意することであり、避けられる可能性とその義務のある悪を除いて、悪も含め、あらゆる存在を受け入れることである。キリストのこの単純な言葉には、ストア派の全思想のみならず、ヘラクレイトスとプラトンもが包含されている。

必然性への同意のごとき不合理なことがなされうるのはどのようにしても証明しえないであろう。

なしうるのはただそうしたことがある、と認めることだけである。実際、同意する魂というものが存在するのだ。

必然性とは、わたしたちの自然的な部分と、自由に同意する無限に小さな能力との媒介にほかならない。というのも、わたしたちの自然的部分は必然性に従属しており、わたしたちの同意が必然性を受け入れるからである。同様に、宇宙について思考する際、わたしたちは物質と神の媒介としての必然性をも思考している。わたしたちが必然性に同意するように、第一者である神は永遠の行為によって必然性に同意する。だが、自らのうちなる同意と呼ぶものを、わたしたちはその類比として神のうちなる意志と呼ぶ。神は必然性を思考することによって、時間・空間を通して広がる必然性を現実のものとする。神の思考とは神である。そしてこの意味で、〈子〉は〈父〉の似姿となる。神の思考はまた世界の秩序でもある。したがってこの意味で、〈ロゴス＝言葉（Verbe）〉は世界を秩序づけるものとなる。世界の秩序とは、神においては世界を秩序づけるものである。というのも、神においては、すべてが主体であり、すべてがペルソナだからである。

キリストは神と人間との媒介者であるだけではなく、ひとりの人間とその隣人との媒介者でもある。同様に、数学的必然性は、神とモノを媒介するものであるだけではなく、モノそれぞれを媒介するものである。それは秩序をつくり出し、秩序のために、それぞれのモノは自らの場所にあって他のあらゆるモノを現実に存在させる。質料的なモノ同士がもろもろの限定内に身を保つことによって平等性がつくられる。その平等性は、人間の精神においては、他者の実存への同意、すなわち隣人愛となる。さらに正義がなされるのは、自然的存在としての人間がもろもろの限定内に身を保つことによってである。

秩序とは均衡であり不動性である。時間に従属している宇宙は、絶え間ない生成のうちにある。宇宙を動かすエネルギーは均衡を破る原理である。だがさまざまな均衡の破壊がもたらすこの生成は、実のところ、ひとつの均衡をなしている。それは、均衡の破壊は生成において相互に償い合っているからである。これはアナクシマンドロスの驚くべき章句が示しているものである〔DK12 B1. cf.一四三頁〕。計り知れない深さをもつ章句は、こうである。「諸物の生成は無限定から始まり必然性に身を委ねる。諸物の消滅もまた、必然性に身を委ねつつ無限定へと回帰する。というのも、諸物はその不正義のために、時間の秩序にしたがって、それぞれがそれぞれからの罰と償いとを堪え忍ぶからである」〔DK12 B1〕。それ自体として考えるならば、あらゆる変化、したがってあらゆる現象には、たとえそれがどんなに小さなものであっても、宇宙の秩序を破壊する原理が孕まれている。その反対に、時間・空間の全体にわたって孕まれるあらゆる現象との連関において、すなわち、時間・空間の全体に限定を課し、それを等しく逆方向の均衡破壊へと結びつける連関においてこの原理を考察するならば、ひとつひとつの現象のうちに世界の秩序が全的にあらわれることになる。

必然性は、物質と神とを媒介する。それゆえわたしたちは、神の意志が必然性に対する関係と物質に対する関係という、相異なるふたつの関係を有すると考える。この相違は、人間の想像力に訴えかけるとどうしても不完全にならざるをえない。だがそれは、神が原初の混沌に秩序を打ち立てたという神話のうちにあらわされている〔DK7 B3. cf.二一四頁〕。古い訓話にすぎないと誤った非難を受けている神話であり、「創世記」にもあらわされている神話である。この相違はまた、とりわけ、三位一体の第二格と関連づけて考えられるものでもある。三位一体の第二格は、秩序づけるものとも、世界の魂とも考えられる。世界の魂は、世界の秩序をペルソナとして思い描いたものにほかならない。オルペウス教の詩篇でこの違いはこう述べられている。「ゼウスは宇宙を完成させ、バッカス〔ローマ神話の酒神〕はその仕上げをした」。バッカスは〈ロゴス＝言葉〔Verbe〕〉である。物質が現実に存在しているのはそれを神が欲したからにほかならない。だが、媒介の働きをなす必然性は神の意志にいっそう近い。必然性とは、物質が神に従順だということである。こうして、物質における必然性とわたしたちのうちなる自由からなる相反するものの一対は、従順においてその一性を手に入れる。というのも、わたしたちが自由であるとは、神に従順であらんと欲することにほかならないからである。それ以外の自由はすべて虚偽である。

物事をこのように思い描くと、奇跡の観念は受け入れたり拒んだりしうるものではなくなり、厳密に言えば、もはやなんの意味もないものになる。より正確には、ある次元の魂に対してなにがしかの影響を、すなわち、善と悪との入り混じった影響を及ぼすという意味しかなくなる。

一人称で思考するかぎり、わたしたちは必然性を下方から、内側から見ている。地表や天蓋のように、必然性はわたしたちをあらゆる部分から包み込む。必然性に同意し、一人称で思考するのをやめるならば、わたしたちは必然性を上方から、外側から見るようになる。というのも、わたしたちは神の側に移っているからである。必然性がこれまでわたしたちに見せていた相貌、そしてわたしたちのほぼすべてをなしている自然的部分にいまなお見せている相貌は、残酷な支配である。この転換を経て、神の側から戻ってきたわたしたちの思考の断片、そうしたものに見せる必然性の相貌は、純粋な従順となる。わたしたちは家の子となり、当初は主人とみなしていた隷属的な必然性の素直さを愛するのである。

だが、こうして視点を変えられるか否かは、経験がなければ理解できない。必然性への同意を決意する瞬間、わたしたちはこの同意がもたらす成果を予見しえない。この同意は、一見したところ正真正銘の純然たる不条理である。だがそれは、正真正銘の超自然的なものでもある。それは恩寵のみがなせる業である。なされるがままに身を委ねれば、わたしたちのうちで、わたしたちなしに、神がその業をなす。意識に昇ったときその業はすでになされている。われ知らず神の創造的意志に与っているのである。そのときわたしたちは、裏切りの行為によってしか神に背を向けることができなくなる。

水平面が上面と下面との一致であるように、物質の必然性は、神への従順と被造物を圧する残酷な力との交差点である。この交差という次元で、必然性のうちに強制への参与がある一方で、知性、正義、美、信仰への参与がある。強制への参与はあきらかである。たとえば、三角形と円の異なる特性相互の連関には金属のように硬質で、不透明で、精神に受けつけがたいものがある。

だが世界の秩序は神においてはペルソナであり、秩序を与える〈ロゴス＝言葉（Verbe）〉ないし世界の魂と呼ばれうるものである。それと同じく、神の弟妹であるわたしたちにおいて、必然性とは関係である。すなわち、活き活きと働く思考である。スピノザ〔一六三二―七七、オランダの哲学者〕は、「魂の目とは論証そのものである」〔『エチカ』第五部、定理二三、備考〕と述べている。直角三角形の二辺の二乗の和を変える能力をわたしたちは有していない。だが論証するために精神がそれを定義しないならば、その二乗の和は存在しない。すでに整数の領野において、一と一とは時間が流れても依然として並立したままであり、知性が足すという働きをしなければ、けっして二にはならない。注意深い知性のみが一と一とを結ぶ力をもつ。そして注意が散漫になると、このつながりは消えてしまう。おそらく、わたしたちのうちには、記憶、感受性、想像力、習慣、信仰に貼りついたかなり多くの連関があるはずである。だがそれらは必然性を内包していない。世界の実在を構成する必然的連関は、活き活きと働く知的注意が向けられた場合にのみ実在的なものとなる。必然性と注意の自由な働きとのあいだのこの連関はひとつの驚異である。注意にかかわる不可欠の努力が大きくなればなるほど、その驚異はいっそう際立ってくる。整数をめぐる基本的な真理と、$\sqrt{2}$ のようないわゆる無理数の量をめぐる基本的真理とを比べてみると、後者の驚異のほうがあきらかに優っている。無理数を整数と同じ厳密さをもって、厳密に必然的なものとして思い描くためには、さらにいっそうの注意の努力を要する。それゆえ、無理数は整数よりもはるかに貴重である。

この知的注意が効力を発揮するならば、無理数は神の〈叡智〉のイメージとなる。神は思考することで創造する。だがわたしたちは知的注意を働かせても何も創造しないし、何も生み出さない。だがわたしたちの現場で、言うなれば実在を呼び覚ますのである。

この知的注意は、魂の自然的部分と超自然的部分との交差点に位置している。知的注意は、条件づけられた必然性を対象とする場合には半分の実在しか呼び覚まさない。わたしたちが自分の周りのモノや人に実在の充溢を付与するのは、対象が自らのうちにあるならば、知的注意に承諾、同意、愛というさらにいっそう高度な注意が付け加わる場合である。だがすでに、必然性を織りなす関係は注意の働きいかんによるという事実は、とりもなおさず、その関係がわたしたちのものになっており、わたしたちがそれを愛しうる、ということである。それと同じく、苦しむ人はみな、苦しみを生じさせる必然的な因果関係をはっきりと思い描き、わずかなりとも精神の高まりをもちさえするならば、いくばくかの慰めを得ることができる。

必然性は正義にもかかわる。だがある意味では、必然性は正義の対極にある。プラトンが述べているように〔『国家』第六巻493c〕、必然の本質と善の本質とがどれほど異なるか知らなければ、何も理解することはできない。正義が人間に立ちあらわれるのは、なによりもまず選択として、すなわち、善を選択し悪を拒絶するものとしてである。必然性とは、選択の余地がないこと、無関心であるということである。だが、必然性は共存の原理である。そして根源的には、わたしたちにとっての至高の正義とは、実際に存在するすべての人間、すべての事物と自分との共存を受け入れることである。敵をもってもよいが、敵が現実に存在しなくなることを願ってはならない。実際この願いをもっていないとすれば、厳格な義務による場合を除いて、敵の存在を抹殺するために何かをすることはなくなるであろう。敵にいかなる悪を課することもなくなるであろう。ひとりの人間に善をなす機会と権利があるにもかかわらずその人に善をなさない場合、それはその人に悪をなすことになるということを十分理解するならば、もはや命じられたものは何もなくなる。諸存在と、諸事物が自分と共存することを受け入れるならば、わたしたちはもはや支配と富を貪りはしなくなるであろう。というのも、支配と富はこの共存をヴェールで覆い、自分以外のすべての持ち分を縮小させることしかしないからである。あらゆる侵犯、あらゆる深刻な罪は、この共存を拒絶する個々の形態である。それゆえ、綿密な分析が十全になされるならば、個別の事例に即してこのことがあきらかにされるであろう。

直角三角形がその斜辺を直径とする円から外に出ることを禁じられているということと、たとえば不正義を働いて権力や金銭を得ることを差し控える人がいること――この両者の誠実さには類比関係があり、前者を後者の完璧なモデルとみなすことができる。物質における数学的必然性を知覚する際、多すぎたり少なすぎたりすることなく、正確に比重に応じて水面から出る浮体の誠実さについても同じことが言える。ヘラクレイトスはこう述べている。「太陽といえども限界を踏み越えることはないであろう。さもなくば、正義の女神ディケーに仕える復讐の女神エリニュスに見咎められ、捕らえられるところとなろう」〔DK22 B94〕。モノには、世界の秩序のうちでそれぞれの場所に見合った永遠不変の誠実さがある。人間がひとたび完全性に到達し、その本来の使命に適う状態に立ち至ったときにのみ見せる誠実さはこれと同じものである。目に見える世界そのものにおいても、また数学的ないし類比的な諸関係においても、事物の誠実さを観照することは、誠実さに到るための強力な手立てとなる。この観照が教える第一のものは、選択しないこと、すなわち、現実に存在するすべてに等しく同意することである。この普遍的な同意とは自己離脱と同じことであり、ほんのわずかな、また一見したところいかにも正当なものだと思われる執着ですら残存するようなことがあれば、この同意は妨げられてしまう。それゆえ、すべての人と事物に光が平等に降り注ぐことをけっして忘れてはならない。こうして光は、現実に存在するすべてを等しく引き受けようとする神の創造の意志のイメージとなる。わたしたちの同意が与するべきは、この神の創造の意志にほかならない。

必然性を観照しそれを愛するようにさせるもの、それは世界の美である。美がなければ、それは不可能であろう。というのも、同意は魂の超自然的部分に固有の働きであるとはいえ、実のところ、魂の自然的部分と身体の自然的部分とがある程度協働しなければ、成就しえないからである。この協働が漲るとは、とりもなおさず歓びが漲ることである。その反対に極限の不幸は、少なくとも一時の間、この協働をまったく不可能にしてしまう。しかしキリストの十字架に与るというかぎりなく貴重な特権をもつ人々であっても、歓びを経験したことがなければこの協働を手にすることはできないであろう。キリストは、人間的な苦しみの淵で破滅させられる前に完璧な人間の歓びを知った。そして純粋な歓びとは美の感情にほかならない。

美はひとつの神秘である。この世でもっとも神秘的なものである。だが美はひとつの事実である。存在するものはすべて——もっとも粗野な人であってももっとも低劣な人であっても——美の威力を知っている。美を識別し利用しうる者がごくわずかしかいないとしても、やはりそうである。もっとも下劣な放蕩に身を沈めようとも美が呼び出される。一般に、その是非はさておき、価値あるものを示そうとするとき、その質の如何を問わず、つねに美に関わる言葉が用いられる。あたかも美を唯一の価値とみなしているかのように、そうされるのである。

厳密に言えば、この世にはただひとつの美しかない。それは世界の美である。それ以外の美は世界の美の映しである。忠実で純粋であるにせよ、歪んで汚れているにせよ、悪魔的に堕落しているにせよ、そうである。

実際、世界は美しい。ひとり大自然の直中で思いのままに注意を傾けるとき、何ものかに導かれるように周囲に愛が注がれる。だがそれは、粗野で動かず、黙して語らぬものたちにすぎない。そして美は、たとえば重力が山や波や星の運行に刻み込む襞のように、必然性がはっきりとあらわれていればいるほど、活き活きとわたしたちに触れてくる。純粋数学においてもまた、必然性は美によって光り輝いている。

おそらく、美の感情の本質とは、一面では過酷な強制であるにもかかわらず、また一面では神への従順である、という点であろう。摂理の寛容さのおかげでこの真理はわたしたちの魂の肉の部分と、いうなればわたしたちの身体にさえ感じられるものとなっている。

こうして、象徴的にあらわされる神の諸真理が宇宙の秩序を構成する必然的な連関のうちにあらわれることによってこれらの驚異が成し遂げられる。これこそは驚異のなかの驚異であり、それは、あたかも芸術家がひそかに記したサインのようなものである。

数学を単に合理的で抽象的な思弁とみなすのであれば、二重の意味で間違っている。数学とはそうしたものであるが、また自然学そのもの、きわめて具体的な学である。そしてさらに神秘でもある。この三つは一体であり切り離せない。

斜辺の長さを同じくする直角三角形の頂点の軌跡が円を描くという特性をじっと見つめるときのことを考えてみよう。円周を辿る頂点、およびそこから直径上に垂線を下ろした点という二点を同時に思い浮かべるならば、上下運動をずっと見続けることになる。かたや円運動、かたや往復運動というこのふたつの点の運動の連関はわたしたちの技術の基盤であるあらゆる円運動を往復運動へと変換する可能性を、また逆に、往復運動を円運動へと変換する可能性を内包している。研ぎ師が〔砥石車《といしぐるま》を回しながら〕刀を研ぐ動きはこの連関を素地としている。

他方で、円の一点に着目せずに自転する円全体を考えるならば、円運動は三位一体の生をなす永遠の行為の完璧なイメージとなる。この運動はいかなる変化もせずに自己完結して動いている。円に内包され直径上を行き来する点の往復運動は、相反する方向へとたえず均衡を破ってゆく。それはこの世における生成のイメージであり、不動であり、なおかつ活き活きとした均衡の移ろいやすい等価物である。この生成こそが神の生のこの世への投影である。円が直径上の動点を包み込んでいるように、神はこの世のあらゆる生成に区切り（terme）を付する。聖書が述べているように、神は、海のなかの波と波をつなげてゆく〔ヨブ三八・一一〕。円上の点から直径上へ垂直に降ろした線分は、図形における円と直径との媒介である。そしてまた、量という点を考慮すれば、これは比例中項として、直径上の一点を挟んだ両側のふたつの線分の媒介となる。この線分は、〈ロゴス＝言葉（Verbe）〉のイメージとなる。概してそれぞれの比が有理数の二乗数にならないようなふたつの量のあいだに比例中項を作図するとしよう。その際、円は不可欠であり、中項はかならず円上の一点から直径に下ろした垂線の長さによって与えられる。垂線を直径の反対側に延ばしてみると、円に内接した十字架が得られる。中項を求めるための二項の比が一対二となっているならば、この中項は偶数であるのと同時に奇数でなければならない。それゆえ、どんな整数によっても解決を得られない。こうして中項となりこの垂直線分の長さとなる量は、偶数であるのと同時に奇数であるものとなる。ピタゴラス派の人々は、奇数と偶数の対置を、超自然と自然との対置のイメージとみなしていた。というのも、奇数には一性《いっせい》との類縁性があるからである。これらはどれも足踏みで砥石車を動かす研ぎ師や縫い子の仕事のうちに見られるものである。

これはほんの一例にすぎない。概して数学をもっとも広義に解釈するならば、すなわち、理論的で厳密かつ純粋なあらゆる研究を数学の名のもとに包括するならば、数学のみがわたしたちが生きている質料的宇宙の認識を可能にするのと同時に、神の真理を明白に映し出す。どのような奇跡もどのような予言も、数学においてこの両者が一致するという驚異には及びえない。この驚異がどれほどの広がりをもつのかは、次の例を思い浮かべてみるとよいだろう。もっとも未開の人々でさえも、感覚的に事物を知覚する際、知らず知らずのうちに知覚の条件である数々の数学的諸関係をとらえている。もっとも原始的な技術であっても、少なくとも潜在的にはかならずある程度数学を応用したものとなっている。労働の際の動きや技術のうちにあらわれる数学的な諸関係を方法的に扱うことでのみ、自然的な幸福に呼応する自然の諸力との均衡の感情が人間にもたらされる。数学的な諸関係を利用すると、感覚的世界は生気なき物質からなっており、気まぐれな無数の神からなっているのではない、ということが理解される。以上の例を銘記せねばならない。まさしくこの数学こそが、なによりもまず神自身によって創られた神秘的な詩篇というべきものである。これほど偉大な業績がごく最近のものであるのは、目を疑いたくなるほどである。そしてギリシア人は幾何学を発明したのではなく、その一部を発見し詳らかにしたにすぎない、と思いたくなるほどである。

このことを突き詰めてゆくと、宇宙をめぐるきわめて単純な見解にたどり着く。神は創造した、すなわち、神は自分の外側に何かを生み出したのではない。そうではなく、神は立ち去り、その存在の一部に神でないものが存在することを許したのである。この神の放棄に、創造されたものの放棄、すなわち従順が照応する。宇宙全体は、従順がぎっしりと詰まった塊にほかならない。この塊には光り輝く点がちりばめられている。この点のひとつひとつは、神を愛し、神に従順であることに同意する理性的被造物の魂の超自然的な部分である。残りの部分は、密度の高い塊のなかに取り込まれている。理性を授けられてはいるが神を愛さない存在者は、緊密で薄暗い塊の断片にすぎない。それらもまた全体として従順であるにはあるが、落下する石のように従順であるにすぎない。その魂もまた物質、すなわち心的な物質であり、重力のメカニズムと同様に厳密なメカニズムに従っている。自らの自由意志を信じることも含めて、傲慢が生むもろもろの幻想や挑戦、反抗というものはみな、光の反射と同じく厳密に規定された現象にすぎない。こう考えると、生気なき物質と同じく極悪な犯罪者も世界の秩序をなしており、したがって世界の美をなしていることになろう。すべては神に従順であり、したがってすべては完璧に美しい。これを知ること、これを現実のものとして知ること、それは、天にいます〈父〉が完璧であるのと同様に完璧である、ということである。

この普遍的な愛は、観照する魂の能力に属している。神を真に愛する人は、魂のあらゆる部分に神の働きを宿している。超自然的な観照の能力の下に義務の次元に属する魂の部分がある。善と悪があらんかぎりの力をもって対置されねばならないのは、この部分においてである。そのさらに下に魂の動物的部分があり、その部分は飴と鞭の巧みな使い分けによって方法的に躾けられねばならない。

神を愛する人々、すなわち完璧な人々においても、魂の自然的部分はつねに機械的な必然性に完全に従属している。しかし魂における超自然的な愛のあらわれは、新たな要素をメカニズムに付け加えそれを変容させる。

わたしたちは海上に浮かぶ板切れにしがみつき、波の動きのなすがままになっている遭難者のようなものである。天の高みから神はひとりひとりにロープを投げかける。痛みと恐れを堪え忍びながらロープを摑んで離さない者であっても、波にさらわれるがままになっている人々と状況は同じである。ただ波の圧力にロープの緊張が重なり合い、異なるメカニズムがつくり出されるのである。

こうして、超自然は自然の領域に降りてこないとはいえ、自然は超自然のあらわれによって変容を被る。神を愛する人たちに共通している徳や、幾人かの聖人たちの驚くべき奇跡も、この作用から等しく説明される。この作用は美や美に類するものと同じく神秘である。そのいずれもが自然における超自然の映しである。

宇宙とは、同意といういくつもの点がちりばめられた塊、盲目的な従順の巨大な塊である——こう考える人は、自分の存在のことを同じように思い描く。それは、中心に同意という一点をもつ盲目的な従順の微小な塊である。同意とは超自然的な愛であり、わたしたちのうちなる神の〈精神（Esprit）〉である。盲目的な従順とは、物質の慣性である。それは、わたしたちの想像力においては抵抗性とともに流動性を有する成分、すなわち水によって完璧にあらわされる。従順に同意するまさにその瞬間、わたしたちは水と精神から生を受ける。それ以降、精神と水のみからなる存在者となる。

従順への同意は、盲目的な従順と神とを媒介する。完璧な同意とは、キリストの同意である。わたしたちにおいてなされる同意は、キリストの同意の似姿としてしかありえない。キリストは神とわたしたちを媒介する一方で、神と宇宙とを媒介する。そして、わたしたちもまた、キリストに倣うよう定められているかぎり、いくばくかは神と神によって創造されたものとを媒介するという途轍もない特権を有している。

だが、キリストは媒介そのもの、調和そのものである。ピロラオスはこう述べている。「似ていないもの、同じ根をもたないもの、同じ系列にない者同士は、それを宇宙のうちに保とうとする調和の働きによってしっかりと鍵でつなぎとめておかねばならない」〔DK44 B6〕。キリストは、創造の神と創造されたものとをつなぎとめるこの鍵である。認識とは、存在の似姿である。そのためキリストは認識の鍵でもある。キリストはこう述べている。「律法学者たち、あなたがたは不幸である。人々から認識の鍵をとりあげている」〔ルカ一一・五二〕。この鍵とはキリスト自身であり、すでにキリストに先立つ何世紀にもわたって愛されてきたもの、パリサイ派〔律法を重視するユダヤ教の一派〕の人たちが否定し息の根を止めてしまったものである。

プラトンはこう述べている。痛みとは調和の解消であり、相反するものの分離である。歓びとはそれらがふたたび結び合わされることである、と〔『ピレボス』〔31b. cf. 一四〇頁〕〕。キリストの磔刑によって扉はほぼ開かれた。一方では〈父〉と〈子〉が、また一方では創造の神と創造されたものとがほぼ引き離されたのである。扉はわずかに開いた。復活によって扉はふたたび閉じられてしまった。全存在をかけてキリストの十字架に与るという途轍もない特権を有する人々は扉を通りぬけ、神のもろもろの神秘のある側へと移りゆく。

だがより一般的には、どのような痛みも、とりわけ十分に堪え忍ばれたような不幸も、わたしたちを扉の向う側へと移行させる。そしてその調和は、真実の相貌をあらわしつつ高みにその相貌を向けて、世界の美と神の美からわたしたちを隔てる一枚のヴェールを引き裂く。これは、「ヨブ記」の終わり部分に示されているものである。ヨブは苦悶の果てに、見かけはともかくも完璧に十分堪え忍ばれた苦悶の果てに、世界の美の啓示を受ける。

もっとも、歓びと痛みのあいだには等価性がある。歓びもまた美の啓示である。歓びによっても痛みによっても、鍵をじっと見続ける人は前へと進む。大切なのはただ鍵を見るということである。

人間の生には三つの神秘がある。もっとも凡庸な人であれ、だれしもが多少とも知っているものである。そのひとつは美である。もうひとつは世界を認識するに際し理論的必然性を観照するための純粋知性の働きであり、純理論的な諸概念の技術と労働への具現化である。さらにもうひとつは、しばしば硬質で冷酷な人間関係の直中で生じる正義、共苦、感謝の閃光である。これらこそ人間の自然性の直中でたえずきざす三つの超自然的な神秘であり、キリストという真中の扉にまっすぐ導く三つの入り口である。これらのあらわれのために、人間がこの世で世俗的で自然的な生を無垢な状態で送ることは考えられなくなる。明白なものであれ、暗々裏のものであれ、信か、あるいは背信かのいずれかである。天空の上に、あまねく宇宙に、神の媒介のみを見るようにならねばならない。神は媒介であり、またあらゆる媒介は神である。神は、神と神との媒介であり、神と人間との媒介であり、人間と人間との媒介である。神とモノとの媒介であり、モノとモノとの媒介であり、そして、それぞれの魂がそれぞれの魂と出会う媒介である。神を通らなければ、始まりも終わりもない。通ってゆくところは神しかないのである。神は道である〔ヨハネ一四・六〕。〈道〉〔Tao〕は、古代中国では神の名であった。

人間は、神のこの媒介の働きを思い描くことはできず、ただそれを愛することができるのみである。だが知性の働きによってその幾分劣化したイメージを完璧な明晰さで思い描く。それは関係である。人間の思考のうちにあるのはもろもろの関係性のみである。感覚的な対象であってもその知覚を少し厳密に分析するならば、知覚という名で呼ばれているものは、感覚を媒介にして思考に与えられたもろもろの関係の束にすぎないことがわかる。感情、観念、人間的意識の心理的な内容すべてについても同様である。

わたしたちが自らのうちと自らの周囲に有しているのは、関係だけである。わたしたちが投げ込まれている薄暗がりにおいて、すべてはわたしたちにとって関係である。それはあたかも、実在の光のなかで、すべてがそれ自体神の媒介であるようなものである。関係とは、わたしたちの闇のなかに垣間見られる神の媒介である。

この一致は、聖ヨハネがキリストに関係すなわち〈ロゴス〉という名を与えて表現したものであり、「すべては数である」と述べてピタゴラス派の人々が表現したものである。

このことを理解するならば、わたしたちは、海のなかの魚のようにではなく、海のなかの一滴の水のように、神の媒介のうちに生きていることを知る。わたしたちのうちにも、わたしたちを超えたところにも、この世にも、神の国にも、あるのは関係だけである。そして媒介とは、愛《エロース》にほかならない。

至高の媒介は、聖霊による媒介である。それは、〈父〉と、同じく神ではあるが神性を剝ぎ取られ、時間・空間の一点に釘付けにされている〈子〉とを、無限の距離を介して結び合わせる。この無限の距離は、時間・空間の全体からなっている。地平線の描く円によって区切られたわたしたちの周囲の空間と、わたしたちが刻一刻と生き、わたしたちの生を織りなす誕生から死までの時間、それは神の愛が浸潤してゆく無限の距離の一断片である。わたしたちそれぞれの存在と生は、線分であり、小さな断片にすぎない。その線分の両端に神がおり、この神はただひとつの神である。そしてこの同じ神である愛《エロース》がその線分上を行き交っている。わたしたちは、神の愛《エロース》が神自身に向かって通り過ぎていく場所にすぎない。いかなる場合もそれ以外のものではない。だがわたしたちがこれを知りこれに同意するならば、わたしたちの存在のすべて、わたしたちのうちにあって自分自身と思われるものすべては、神の愛《エロース》のこの絶え間ない通過に比べてよそよそしいもの、無関心なもの、かけ離れたものとなる。

註記――この論考では、受肉のことを人間に定められた運命としてではなく、その反対に、人間が向かうべき任務として提示してきた。きっと驚かれる方もいることだろう。だが、正反対と見えるこのふたつの関係は、完全に両立する。前者の関係が多く語られがちだが、それはあきらかに人間が神よりも自分自身のことに関心をもつからである。後者の関係は、「神はその〈子〉が多くの兄弟のなかで長子となられるよう定められました」〔ローマ人への手紙八・二九。cf. 一五八頁〕という聖パウロの章句によって明晰かつ確実に表現されている。後者のほうが前者よりも真実であると言えよう。というのも、神はすべてにおいて人間に先立っているからである。これは人間の生に訪れる神秘をよく説明している。こう考えると、わたしたちの運命についての新たな見方、とりわけ、苦しみや罪をめぐるものについての新たな見方に導かれるであろう。無辜な魂に及ぼす不幸の効用は、わたしたちが十字架に架けられたキリストの兄弟として創造されたのだと考えないかぎり、真に理解されえない。機械論的で、数学的で、もの言わず聞く耳をもたない必然性の全宇宙にわたる絶対的な支配は、時間・空間の全体性における宇宙全体がキリストの十字架として創造されたのだ、と考えないかぎり理解しえない。キリストが生まれながらの盲人とその不幸の原因について答えたこと〔「本人が罪を犯したからでも、両親が罪を犯したからでもない。神の業がこの人にあらわれるためである」〔ヨハネ九・三〕の深い意味は、ここにあると言えよう。

不幸の主たる効用とは、キリスト自身がそうであったように、魂に「なぜ、何のために！（pourquoi）」と叫ばせ、疲労困憊で中断しないかぎり、絶え間なくこの叫びを繰り返させることである。いかなる答えもない。励ましとなる応答を見出すならば、それはなにより自分自身でつくり出したものである。さらに、それをつくり出す力があるということは、水が99℃で沸騰しないのと同じく、どれほど強烈なものであったとしても、苦しみが不幸という特別の段階に達していないことを意味する。「なぜ、何のために！（pourquoi）」という言葉が原因の追求をあらわしているとすれば、答えは容易に見えてくるであろう。だがそれは、〔原因ではなく〕目的の追求をあらわしている。この宇宙全体には合目的性が剝奪されている。不幸のために引き裂かれ、合目的性を追い求めて叫び続ける魂は、真空に触れる。魂が愛するのをやめないならば、叫び求めた答えではなく――というのも、それはもとよりないのだから――、どんな答えよりもかぎりなく意味に溢れた何ものかとして、神の言葉そのものとして、沈黙の声を聴く日が来ることだろう。そのとき魂は理解する。この世における神の不在は、天にいます神のこの世におけるあらわれなのだ、と。だが神の沈黙を聴くためには、この世において空しく合目的性を追求するよう魂が強いられた、という経験が不可欠である。そして、ふたつのものだけが魂にそれを強いる力を有している。不幸、あるいは美の感情による純粋な歓びがそれである。美こそが、いかなる個別の合目的性ももたず、ただちに合目的性のあらわれを感じさせるがゆえに、この力を有するのだ。不幸とこの上もない純粋な歓び――ただふたつの道であり、等価な道である。だが、不幸がキリストの道となる。

キリストの叫びと〈父〉の沈黙とが交響し、至高の調和を奏でる。あらゆる音楽はその模倣にほかならず、わたしたちのうちで最高度に悲痛で甘美な調和による音楽であっても、この至高の調和にははるかに及ばない。全宇宙はその微小なかけらであるわたしたち自身の存在も含め、この至高の調和の振動にすぎない。

神に向けて宇宙の実在を溶かしこんでゆくこの種の照応には、つねに汎神論的誤謬に陥る危険がつきまとっている。だがこの点に関しては、立方体の箱をめぐる知覚の分析をおこなってみると、神によって設えられたもうひとつの完全な隠喩が得られるだろう〔cf.一六九頁〕。箱は、どの角度から見ても立方体のあらわれを呈してはいない。目に入るのはいくつかの平面だけで、それぞれの角は直角には見えず、それぞれの辺は等しい長さに見えない。立方体を見た者はひとりもいなかったし、これからもいないだろう。同様に、立方体に触れた者はいなかったし、これからもいないだろう。箱の周囲を巡ると、目に見えるかたちが無限に変化していく。だがそのどのかたちも立方体ではない。立方体はそれらとは別のもの、それらの外に、それらを超えたところにあるものなのだ。それと同時に、立方体はそれぞれを統一し、またそれらの真理をなしている。

わたしたちはこのことを、魂のすべてを挙げて知り抜いている。だから箱を見るたびに、実在の感情をいわば置き替えることで、立方体を直接かつ現実に見ている、と思い込んでいる。いやこの表現ではまだまだ足りない。わたしたちは自分の思考と立方体のかたちをした物体とが、直接かつ現実に接触している、と確信するのだ。

神はわたしたちが身体的感覚を使うよう計らうことで、神に負っている愛の完璧なモデルを与えた。神はわたしたちの感受性そのもののうちに、ひとつの啓示を隠し与えたのである。

どの角度から見ようと、わたしたちの眺める箱はあくまで立方体であり、鋭角でもなければ、鈍角でもなければ、長さの異なる辺でもない。同様に、世界のうちでどんな出来事を経験しようとも、また自分のうちでどのような魂の状態を経験しようとも、わたしたちはそれらを見るわけではない。それらを通してわたしたちが見るものはつねに変わらぬ世界の秩序である。それは数学的形式ではなく、ひとつのペルソナである。そのペルソナが神なのである。

子どもが感覚の使用を習得し、感覚による認識を学び、周囲の事物を知覚するように、また後になって、文字を読む際や道具を使う際の新たな感受性に関連する類似の移し替えのメカニズムを習得するように、神への愛にはある見習い修行が必要である。子どもはまず、それぞれの文字がそれぞれの音に対応することを知る。やがて紙に目を注ぐとき、ある言葉の音が目から直接子どもの思考のうちに入ってくる。同様に、まず万事につけて神を愛すべきである、と漠然と知ることから始める。後になってはじめて、神という最愛のあらわれが、日々を織りなす大なり小なりの出来事を通して、わたしたちの魂の中心に瞬間瞬間入ってくる。ここに至る道程は、子どもが読むことを習得する方法に似たものであり、見習い工が仕事を習得する方法に似たものである〔cf.四一頁〕。とりわけまだ幼い子どもが感覚的な事物の知覚を学ぶ方法に似ている。

ボールや積み木のようにかたちが整っていて扱いやすく、調べやすく識別しやすいものが、幼い子どもの理解の助けになるよう与えられる。同様に神は、見習い修行をしやすくするために、社会生活には宗教的実践や秘跡を与え、生気なき宇宙には美を与える。

すべての人間の生は、ごく普通の生も、こうしてひとたび分析すると、知性がまったく入り込めないもろもろの神秘によって織りなされていることがわかる。それは超自然的なもろもろの神秘のイメージであり、この類似性によってしか説明しえないものである。

こうして、愛と信仰に照らされた注意が読み解き方を知るならば、人間の思考と宇宙は、優れて啓示に照らされたもろもろの書物をなす。それらの書物を読むことがひとつの証となり、ただひとつの確かな証となる。ギリシア語で『イーリアス』を読んだ後、ギリシア語のアルファベットの手ほどきをした教師の是非を自問する者などいないであろう。

ギリシア科学史素描

ギリシア科学は、タレスを創始者とする相似三角形の観念から始まる。タレスはフェニキア人の血筋を半分もっており、アナクシマンドロス〔前六一〇頃—前五四七頃〕の師であった。先述のアナクシマンドロスの断片にはピタゴラス派の霊感と同じものが見られる〔DK12 B1. cf. 一四三頁〕。ある古代の人が述べているには、タレスとペレキュデスは水を万物の原理とし、さらに、ペレキュデスは水を〈混沌《カオス》〉と呼んだ。（ペレキュデスはシュロス島〔デロス島の近く〕の哲学者で、おそらくピタゴラスの師である。「創造の際、ゼウスは愛《エロース》に姿を変えた」〔DK7 B3. cf. 二四頁〕と述べている）。タレスが述べている原初の水が〈混沌〉でもあるならば、それはまさしく「創世記」冒頭の数行があらわしている見方にほかならない。

相似三角形とは、$\frac{a}{b}=\frac{c}{d}=\frac{f}{e}$ のように三辺が比例関係にある三角形のことである。ふたつの相似三角形の一辺の長さが相等しく、それでいてふたつの三角形が合同でない場合、$\frac{a}{b}=\frac{b}{c}$ のようにふたつの外項とひとつの中項とからなる比例式が成り立つ。

「共通の一辺をもつふたつの相似三角形に分割しうる三角形を作図せよ」という問いを立てた場合、

その答えは直角三角形である。そして直角三角形といえばすぐさま、ピタゴラスの定理が思い起こされよう。（この定理は、二辺の二乗の和は、斜辺の二乗に等しいというものである）。だがこの定理のみならず、直角三角形の高さ〔直角から斜辺に下ろした垂線〕が斜辺の二線分の比例中項になるという定理もすぐさま思い起こされる。円に内接する直角三角形を作図するという命題は、比例中項を作図するのに円が役立つことを教えてくれる。実のところこれらの命題は、相似三角形に関するもろもろの命題から生まれたものである。

タレスは相似三角形の観念を用いて、同じ時刻におけるひとりの人間の背丈と影の長さとの比を割り出し、その比とピラミッドの影の長さからピラミッドの高さを計測した、と言われている。このように、比例を用いると、けっして到達できない天空に至る次元の高さを計測できるのみならず、把握することさえできる。星と星との距離を計測できるようになったのも、相似三角形を用いてのことである。

他方で、これらの命題を用いてある整数ともうひとつの整数との比例中項を見出すことができる。比例中項を探究できるかどうかを知るために、問いが立てられていた。算術によってであれ、幾何学的作図によってであれ、幾何学そのものによってであれ、そうである。「1と2の中項が一定の比をもっていても、その比で結びついたふたつの整数は求められない。というのも、平方数の二倍の整数$2n^2$は、けっして平方数にはならないからである」。このことを証明するのは容易い。平方数の倍積は比例中項を幾何学的に作図することによってのみ可能となる。1と2の中項と同じく1と平方数でないすべての数の中項についても容易に証明できる。

このように、中項が見出されるのは数と数とのあいだであるとはいえ、その支えとなるのは幾何学である。そのため、算術的な操作と比例がこれらの量に対して厳密に定義される必要があったのである。

それは、エウクレイデスの『原論』〔前三〇〇頃〕第五巻で完璧に展開されている。その内容は、プラトンの弟子でありピタゴラス派の幾何学者アルキタス〔前四二八頃—三四七頃〕の弟子であったエウドクソス〔前四〇〇—前三五五頃、数学・天文・地理学者〕に帰せられる。この書は、今日「実数論」と名付けられているものを完璧なかたちで含んでいる。ギリシア文明崩壊後も『原論』は受け継がれたが、この理論は失われてしまった。その理由はこの理論に照応する精神性を人々はもはや理解することができなくなってしまったからである。この半世紀のあいだ、数学者は厳密さの必要を痛感し、この理論を再発見した。というのも、彼らはこの理論〔実数論〕が『原論』のなかにあるのを知らなかったためである。そのことを知ったのは随分後になってからである。

この理論の本質は簡潔な定義であり、それは、「より大きい」、「より小さい」という観念を用いた比の定義である。どんな整数m、nに関しても、$ma > nb$であれば$mc > nd$であり、$ma < nb$であれば$mc < nd$であるならば、$a : b = c : d$である。これが相似三角形であらわされることは容易に証明できる。そのため、直角三角形の垂線は、垂線の足によって分けられた斜辺の二線分の比例中項となることを正確にあらわせる。

こうして、「比」――これを「数」と呼ぶこともできるが――は、ここから実数が捉えられるならば、無限の項からなる四つの集合を互いに結び合わせる対応の順序によってのみ定義される。数あるいは関係（ἀριθμός《アリトゥモス》あるいは λόγος《ロゴス》）は、一性《いっせい》と無限定なるものとの媒介としてあらわれる。

プラトンの時代にも、「デロス島にある立方体の神殿を〔形を変えずに〕二倍にせよ」とアポロンの神託は命じて、ギリシアの幾何学者に立方体の倍積問題を課した。この問題は、1と2のあいだにふたつの比例中項を求める問題に帰せられる（$\frac{2}{a}=\frac{a}{b}=\frac{b}{1}$）。プラトンの弟子であるメナイクモス〔前三八〇—前三二〇〕がこの問いを解いた。メナイクモスは放物線と直角双曲線を見出した人でもあり、この二曲線の交点から立方体の倍積をしている。ところで、「円を用いて比例中項を求める作図に注意して、ふたつの比例中項を求めよ」という問いを立てるならば、その代数式を包括する、円錐の断面である放物線が作図される。メナイクモスは、1と2のあいだのふたつの比例中項を求めようとして、円錐の断面が代数式であらわされることを発見したのではないか、ということは大いに考えられうる。関数の観念はこのようにして見出されたのではなかろうか。ここで代数式に言及したからといって、今日の代数学における文字の組み合わせについて語ろうとしているのではなく、これらの組み合わせで今日あらわされている量の可変的な比例の知識について語ろうとしているのである。この知識をギリシア人は今日のようにあらわしてはいないものの、明晰に理解していた。ギリシア人は関数の観念を有していたのだ。それは、比例中項の探究と密接したギリシア科学史のなかにあらわれている。最初に発見された関数である放物線の式は、ひとつの変数とひとつの定数のあいだの比例中項となる関数である。

積分計算の発明もまた、実数の理論を定式化したエウドクソスに帰せられる。というのも、エウドクソスはまた、「アルキメデスの公理」として誤って知られている公準を定式化したからである。それは次のようなものである。「ふたつの量の差に、その差そのものを加えていった場合、有限な量すべてを超えてゆくならば、ふたつの量は等しくないと言える」。これは、無限級数の和の観念である。エウドクソスはこの観念を用いて、角錐と円錐の体積を求め、後になって、アルキメデスは放物線の求積法を見出した。してみると、問題となっているのは積分法である。放物線で囲まれる図形の面積は $1+\frac{1}{4}+\frac{1}{4^2}+\frac{1}{4^3}+\dots+\frac{1}{4^n}+\dots$ の和によって求められる。したがって、問題となっているのは、無限に減少する幾何級数の諸項の和である。「アルキメデスの公理」と呼ばれている公準によって、この和は厳密に $1+\frac{1}{3}$ に等しいことが証明されている。ここであらわされているのは、限定〔$1+\frac{1}{3}$〕と限定されないもの〔$\frac{1}{4}+\frac{1}{4^2}+\frac{1}{4^3}+\dots+\frac{1}{4^n}+\dots$〕との混成である。同一のものが無限としてそしてまた有限としてあらわされているのだ。これは、「ゼノン〔前四九〇頃―前四三〇頃、エレア派の哲学者〕のパラドックス」と誤って名づけられたもののうちにすでに見られるものである。

エウドクソスはまた、天文学の体系を練り上げて、「星辰の現象をロゴスで説明する均一な円運動の総体を見出しなさい」というプラトンの問いに答えた。エウドクソスは、もろもろの運動を組み合わせるという今日の力学の礎となっている天才的な発想に依拠している。物体の放物線運動は、今日、等速度運動と加速度運動ふたつの直線運動を用いて作図される。それと同じく、エウドクソスは、あるひとつの星を中心としたいくつかの軸を措定し、その軸のまわりを同時に一様にめぐる複数の円運動を想定することによって、その時代に観測されたすべての星の位置を説明したのである。このような概念は、実数の定義や、無限級数の和の概念と同様、大胆で純粋なものである。プラトンが欲していたのは一様な円運動だけである。それは、プラトンが述べているように、一様な円運動だけが神的であり、星辰は、神自らによって刻み込まれた神のイメージだからである〔『ティマイオス』37c〕。プラトンが〈他〉について語る際、この〈他〉とは、一性に抗するものであり、そしてまた強制によって〈同〉と調和するものであり、もろもろの運動の布置をほぼ間違いなく視野に入れている。太陽は独自の運動をしており、その運動は、赤道が描く円と黄道が描く円によって導かれる。それらは〈同〉と〈他〉に照応している〔同35a-b〕。だからこそ、太陽は独自の運動をしているのだ。

ギリシア科学に続く次の時代には、プトレマイオス〔二世紀頃の天文・地理学者〕が、かなり大雑把にではあるが、エウドクソスの体系を再生させている。一方、アポロニオス〔前二五〇頃—前一九〇頃、数学者〕がメナイクモスによる円錐曲線の発見を継承し、アルキメデスがエウドクソスによる積分の発見を継承している。

さらに、アルキメデスは、力学と物理学の基礎を築いている。静力学と名付けられている力学の一分野は、アルキメデスのうちにほぼ完成されたかたちで見出される。それは、どちらも同じものであるが、天秤ないし梃子の理論と、この理論から展開される重心の理論である。アルキメデスにおける天秤の理論は厳密に幾何学的なものであり、全的に比例に基づいている。錘《おもり》の重さの比が支点からの距離の比と逆になるときに均衡が生じる。こうしたわけで、十字架はキリストの身体と世界が釣り合う天秤である、と典礼は述べることができるのである。というのも、キリストは天空に属しており、天空と十字架の二本の木が交差する点との距離は、この交差する点と大地までの距離に照応しており、それはちょうど世界の重さとキリストの身体の重さの比の逆になっているからである。「わたしに支点を与えよ、さらば世界を持ち上げん」、とアルキメデスは述べている。この言葉を成就するためには、ふたつの条件が必要であった、そのひとつは、この支点がこの世界に属していないということである。

そしてもうひとつは、この支点は世界の中心から有限な距離にあるが、力をかける手からは無限の距離にあるということである。神のみが梃子を用いて世界をもち上げることができる。受肉が支点を創り出すのだ。あらゆる秘跡はこの支点となるとも言えるし、また、神に完璧に従順である人もすべてこの支点になるとも言えよう。というのも、こうした人はこの世界のうちにあるが、この世界に属してはいないからである。人が有する力は宇宙が有する力に比してかぎりなく小さい。だが、従順によってこの力をかける点は天空のうちに運ばれる。この世では神はこのような仕方によってのみ働きかけるのであり、無限小は無限大の対極にあるが、梃子の法則によって効力を及ぼすと言えよう。

アルキメデスは流体静力学という領野を練り上げて、物理学の基礎を築いた。そしてそれは純粋に幾何学的な方法で、どんな経験主義をも交えずになされたのである。それはひとつの驚異である。流体静力学もまた全的に比例に依拠している。ある物体が水上に浮かんでいるとき、その喫水線は水に浸っている部分と全体との体積比が、物体と水の密度の比と等しくなるようにあらわれ出る。このことは、「均衡があるところには対称性がある」ということを公準とした後には、対称性によって幾何学の定理として証明されている。ここでは水は完璧な天秤のようである。水のこの特性は水を正義に近しいものとし、おそらくその原初の形態において洗礼が象徴するものと無関係ではなかろう。水に沈んだ人間はふたつの圧力を堪え忍ぶ。そのひとつは下方に向かわせる圧力〔重力〕であり、もうひとつは上方に向かわせる圧力〔浮力〕である。そして、後者の浮力が人間を運んでゆくのだ。

プラトンに見られる比例に基づいた四元素の理論を除いて、古代における化学の萌芽についてはほとんど何も知られていない。空気と水は、火――光でもありエネルギーでもある――と土との、ふたつの比例中項である。要するに、エネルギー、物質、そして、それらを結び合わせるふたつの比例中項がある。比例中項がふたつであるのは空間が三次元であるからだ。

プラトンの時代に生物学はすでにかなり進歩していた。というのも、プラトン以前にヒッポクラテス〔前四六〇頃―前三七七頃、医聖〕がいたからである。生物学は、おもに比例と相反するものの一致としての調和に基づいている。ヒッポクラテスは健康を、生体における相反するものの対のあいだの均衡と定義した。相反するものとは、寒さと暑さ、乾燥と湿気などであり、均衡は、まわりの環境に照応していなければならない。こうして淘汰によって生物は環境の似姿となる。

解題——美への欲望

今村　純子

シモーヌ・ヴェイユの著作は、それが草稿段階のものであるか否かにかかわらず、端的に論理的なものだとは言えない。否、むしろ論理は破綻し、飛躍している箇所も多々ある。だからといって、論理がないわけではない。彼女の思想ではつねに、論理《ロゴス》は読者ひとりひとりの心のうちに、イメージとして映し出されてくるものなのだ。

ヴェイユが一九三〇年に書いた学位論文は「デカルトにおける科学と知覚」である。最初期にデカルトにもっとも心酔していた彼女は、その一〇年後、プラトンを自らの思想の拠り所とするに至る。デカルトの「われ考える、ゆえにわれあり」は、ヴェイユにおいて「われイメージする、ゆえにわれあり」へとおのずから転回する。本書は、この転回を見事に映し出している一冊である。

一九三〇〜四〇年の一〇年間に彼女がさまざまな社会的・政治的実践を通して得たものは、自らの力ではいかんともしがたい必然性の認識であり、そしてなにより言葉がいかに無力であるかという、言葉を駆使する者としての遺憾の思いであった。言葉があることとその言葉が人を動かすかどうかはまったく別の問題である。とりわけ善や正義といった言葉には、その言葉がないほうがましではないかと思えるほどの胡散臭さがつきまとう。だが、たとえどのようなあらわれを呈していようとも、善と正義を求めていない人は、根源的には存在しない。それでは、わたしたちはどのようにして言葉をもって言葉ならざる実在を映し出すことができるのであろうか。それは、言葉と具体的なものとの往還、あるいは、対話の過程で言葉そのものが言葉を捨象する瞬間においてである。それゆえ本書は、神話や民話といった具体的なものの分析およびプラトンの対話篇にヴェイユが参与するという営み、あるいはまた、ソクラテス以前の哲学者たちの詩的言語がはらむ霊性をヴェイユ自らのイメージにおいて映し出そうとする営みを中心に展開される。

これらを踏まえ、イメージという視点からプラトンのイデア論を捉えるならば、こう述べることができよう。すなわち、目に見える現象《あらわれ》がわたしたちの生の核となるのではない。そうではなく、現象を超えて心に映し出されたイメージこそがわたしたちの実在《リアリティ》を形作るのである。そして、そのもっともリアルな実在の感情こそが、わたしたちのうちに溢れ出る美の感情なのだ、と。この視点を手放さずに、本書が向かう一点がいったい何であるのかを見てみよう。

*

ギリシア神話および民話註解

本書は、よく知られたギリシア神話である『ホメーロス讃歌』、『エレクトラ』、『アンチゴネー』、『アガメムノン』および「ノルウェー公」と題された民話の註解からはじまる。ここで銘記すべきは、ヴェイユが西洋で偉大な古典とされている文学作品も、無名の一民話も同列に扱っているということである。文学の開示する虚構《フィクション》という「具体的なもの」にヴェイユは何を見出そうとしているのだろうか。これらギリシア神話および民話の註解では、目には見えない神は美として立ちあらわれ、わたしたちはこの美に否応なく魅了されざるをえなくなってくる——「柘榴の実」において、「エレクトラの涙」において、あるいは「アンチゴネーの生きざま」において。そしてこの美にはヴェイユの思想の核をなす「不幸」が不可欠である。不幸そのものにはいかなる救いもない。否むしろ、不幸は神の全き不在を感じさせる。ソポクレスが、アンチゴネーやエレクトラにおいて描き出したように、不幸な人はまさしくその不幸のためにとげとげしくなり、存在が「呪い」そのものとなる。ここから、いかにして美への転回が果たされるのだろうか。

ヴェイユがソポクレス『アンチゴネー』のなかのいったい何に着目しているのかを見てみよう。「わたしは憎しみをわかち合うために生まれて来たのではありません。愛をわかち合うために生まれてきたのです」というよく知られたアンチゴネーの台詞ではなく、それに続くクレオンの台詞「さあ、それならあの世に行くがよい。愛する必要があるならば、あの世の者どもを愛すればよかろう」に彼女は注目する（一九頁）。不幸は、この世界には一切の善が欠如していることをわたしたちに知らしめる。それは、「なぜだ?」というその問いに対する答えのない「沈黙」のうちにわたしたちを立たせるということである。ここに一体いかなる意味があるのだろうか。それは、わたしたちが自らの誕生に対しても、自らの死に対してもなんら関与しえない、存在そのものの神秘に立ちかえるということである。なす術のない、いうなれば「真空」という境域に、悲劇作品の主人公たちはけっして同意しえない。「なぜ?」という問いのなかに立つとは、このような不条理のうちに立つことである。それにもかかわらず、わたしたちは悲劇作品に魅了されざるをえない。つまり、読者ひとりひとりのうちから溢れ出る美の感情によって、悲劇作品は、真空こそがわたしたちの還帰すべき場所であることを知らしめる。そのことにヴェイユの眼差しは注がれている。

プラトンから導かれるもの

つづいてプラトンの著作のヴェイユ自身による翻訳および註解が展開される。ここでは、『ティマイオス』、『饗宴』、『国家』の順に取り上げられ、この流れにおいて愛のかたちが結晶化してゆく。『ティマイオス』における「世界の魂」、『饗宴』における「愛《エロース》」、『国家』における「完全なる正義の人」は、ヴェイユにおいて完全に重なる。そして各作品の註解はそれぞれで完結することなく、たえず相互に往還を繰り返している。「プラトンは、その神話でけっしてすべてを語ってはいない。だから、神話を敷衍することは恣意的な解釈をすることではない。むしろ、敷衍しないほうが恣意的な解釈をすることになろう」（五四頁）というヴェイユの言葉は示唆的である。このプラトン作品註解では、プラトンの対話篇にいわばヴェイユ自身が参与することによって、つまり、自己ならざるものであるプラトンのテクストに彼女の愛が向かうことによって、まさしく彼女自身の言葉が紡ぎ出されるのだ。美や愛や善ないし正義といった言葉そのものにはおそらく何の意味もない。だが、対話の直中においてだけは、言葉は言葉ならざる実在を映し出す。この眼差しは、ヴェイユとプラトンをともに貫くものである。実際、このプラトン註解の流動性と力動性は、シモーヌ・ヴェイユという書き手の方向性を、はっきりと映し出している。以下、個々の註解の核となるものを見定めてみよう。

『ティマイオス』註解

世界創造の神話『ティマイオス』が目に見えない「世界創造」を、目に見える「芸術創造」との類比によって開示していることにヴェイユは着目する。さらに彼女は世界創造を「摂理＝必然性」へと敷衍し、そこからわたしたち自身の「生の創造」を浮き彫りにしてゆく。世界にも芸術作品にも、「何のために」という目的がないにもかかわらず、目的に適った心の状態がある。すなわち、わたしたちのうちから美の感情が溢れ出てくる。芸術作品を創造するにしても鑑賞するにしても、そこに美の感情が不可欠である。そしてこの美の感情とは自己ならざるものに自己の眼差しが向かうという愛のあらわれにほかならない。「作曲家と歌手とを愛さずに、本当に美しい歌に聞き入ることはできない。〔…〕芸術創造は〔…〕、愛からしかなしえない」（二一六頁）。

さらに、プラトンが世界というとき、それは「世界の魂」のことを述べている。「それは、友の名を呼ぶとき、わたしたちはその魂を思い描いているのであり、その身体を思い描いているのではないのと同様である」（二一八頁）。さらにこの「世界の魂」には「不幸」が不可欠である。「世界の魂である〈ひとり子〉は幸福な神であり、自らを認識し愛する、と述べている。〔…〕だがここでプラトンは、この同じ神が引き裂かれている、とも述べている」（二三〇頁）。この「引き裂かれている幸福な神」という矛盾は、どのようにして解かれるのだろうか。それは、芸術家・作品・モデルを、キリスト教の三位一体の父・子・聖霊と類比させることによってである。芸術家は自らが心血を注いだ作品を手放さなければならない。そこにはいかんともしがたい苦痛がともなうであろう。だが、そのことこそが芸術家が真に生きるということである。

次に天体の運行と時間について。ピタゴラス派の言語に倣うならば、わたしたちは「無限定なるもの」である。そして「無限定なるもの」は外側から「限定」を受けることによってはじめて存在する。ここでも重要なのは、「すべての人間のうちにたえずきざす無限な善への欲望は、対象をこの世界の外にしかもたない」（四〇頁）という認識である。ここでヴェイユは〈ロゴス＝言葉〉について語る。〈ロゴス＝言葉〉は、自らが自身の欲望から解き放たれ、必然性の働きだけに従うとき、はじめて生まれ出る。すなわち、「わたし」の言葉とは、「わたし」から完全に解き放たれたときに、「わたし」のうちに宿るものなのだ。そのとき自らのうちから美の感情が溢れ出てくる。ここで、美の感情はとりもなおさず実在の感情にほかならないことが浮き彫りになってくる。「見習い修行をしている人が怪我をすると、仕事が身体のうちに入ったのだ、と言われる。このことを理解するならば、同様に、あらゆる苦しみについても、美の本体が身体のうちに入ったのだと考えることができよう」（四一頁）。

こうして、『ティマイオス』註解の結論が導き出される。「『ティマイオス』の核となる考えは、わたしたちが生きるこの宇宙の基体であり実体であるものは、愛だということである」（四二頁）。さらに、「『ティマイオス』の第二の考えはこうである。この世界は、神自身である神の愛の鏡であるのと同時に、わたしたちが倣うべきモデルでもあるということだ」（四三頁）。この意味するところは、わたしたちの「生の創造」は愛がなければなされえないということであり、この愛は美によってのみ感得されるということである。「赤ん坊が母親の微笑や声の抑揚のうちに自分に向けられた愛の徴を見出すように、わたしたちは感性にあらわれる美を通して世界の魂を知覚する」（四三頁）。

「『ティマイオス』註解」終わり部分でヴェイユはふたたびこの「生の創造」から「芸術創造」を導き出し、さらに、「生の創造」において痛みが美へと転換される愛の逆説を強調する。ここでは彼女自身の思想が十全に展開されている。まず「芸術創造」について。「美は、個々特殊な目的を排除する。ある詩において、この言葉はこうした効果を生み出すために詩人によって配置された——たとえば、豊かなリズム、畳韻法、鮮明なイメージなどである——と説明できるならば、その詩は二流である。完璧な詩とは、言葉がそこにあって、それが絶対的に適っている、としか言いようのないものである。自分をも含めて、すべての存在者、すべての事物、時間の流れに組み込まれているすべての出来事も同様である」（四四頁）。つづいて「生の創造」について。「激しく愛する人と長い不在の期間を経て再会し、語りかけられるとき、その言葉のひとつひとつは無限に貴重である。それは、言葉がになう意味のためではない。そうではなく、愛する人のあらわれをひとつひとつの音節のうちに聴くからである。そのときたまたま激しい頭痛に苦しんでいて、ひとつひとつの音が痛みを与えるとしても、痛みを引き起こすその人の声は、その人のあらわれを包み込むものとして、無限に愛しく貴重である」（四四—四五頁）。

『饗宴』註解

こうして導き出された芸術創造と生の創造における愛のかたちは、『饗宴』註解で、愛の神「エロース」へと橋渡しされてゆく。ヴェイユはプラトンに寄り添いつつ、『饗宴』の愛《エロース》をアイスキュロス『縛られたプロメテウス』のプロメテウスと類比的に捉えている。全能の神ゼウスはなぜ人類を滅亡させなかったのか。それは、神が神自身であるために、神がわたしたちの愛を欲しているからである。「人間がその凡庸さと傲慢さにもかかわらず存在を許されているのは、神が人間から愛されるのを欲しているからにほかならない」（四九―五〇頁）。そしてこの愛はそもそもわたしたちのうちに宿っている。「愛はわたしたちの誕生から死に至るまで、飢えのように抗し難いものとしてわたしたちのうちにある。愛をどのように傾ければよいか、ということを知れば足りる」（五〇頁）。

興味深いのは、「愛はやわらかい心に宿る」（『饗宴』195e-196e）という愛の流動性を、ヴェイユが造形芸術のうちに見出していることである。「彫像は、石の実体が衣服の襞に添って流れ、次いで完璧な均整において固まる、そうした流動性をもつものとしてつくられている」（五八頁）。

ヴェイユが『饗宴』で、否、ギリシアの全思想でもっとも重視するのは次の点である。すなわち、力はわたしたちの生を根底から呪縛するものである。しかし愛だけはこの力を打ち砕きうる。「力は、人間の魂のあらゆる自然的部分、魂が内包するあらゆる思考や感情を含めた自然本性すべてにわたって絶対的な権限を有している。だが、力は同時に、絶対的に軽蔑すべきものでもある。こうみなしたのは、ギリシアの偉大さにほかならない」（六〇頁）。そして力はわたしたちの生にどう作用するのか。「力を操るにせよ、力で傷つくにせよ、力との接触は人間を硬直させ、人間をモノに変えてしまう」（六一頁）。わたしたちがモノにならないのは、わたしたちのうちに息づく愛の働きのためであり、この愛が息づくときにのみ、わたしたちは、自己自身ではなく、善のほうに眼差しを向けている。このときにのみ、わたしたちは正義でありうる。「人間の魂の能力のうちには、力の行使を強いられるでもなく、また、力の行使を妨げられるでもなく、力が触れえない能力がただひとつだけある。それは、善に同意する能力であり、超自然的な愛の力である。それは、どんな種類のどんな暴力をも発生させえない、ただひとつの魂の能力である。したがってそれは、人間の魂におけるただひとつの正義の原理である」（六二頁）。

他方で、「愛とは、美への愛にほかならない」（『饗宴』195d-197c）ということは、次のように敷衍される。「知性がその効力を十全に発揮するようエネルギーを注ぎ込むのは、自然的な能力や天賦の才能ではない。ましてや努力や意志や勉励といったものでもない。それは欲望、すなわち美への欲望のみである。美への欲望は、ある一定の強さと純粋さからは天才と同じものである。〔…〕知性はおそらく、わたしたちの能力のうちにあって、歓びが欠かせない唯一の能力であろう。歓びがなければ、知性は窒息してしまう」（七〇頁）。

こうして、「あらゆる欲望は善と幸福への欲望である」（『饗宴』205d）という「善への欲望」に「美への愛」が重ね合わされることになる。愛はもともとわたしたちのうちにあり、わたしたちの生の基盤であるのだが、その愛を向ける先が間違っているのである。というのも、「わたしたちのうちには、凡庸なるものが住まっている。それは自己保存の本能によって、ありとあらゆる虚偽を用いて、生まれてから死の瞬間までわたしたちがずっと愛し続けているものは真の神にほかならないということを認識させまいとする。というのも、この認識に至るやいなや、わたしたちのうちなる凡庸なるものはすべて、死を余儀なくされるからである」（八一頁）。

『国家』註解

それでは、わたしたちの魂はどのようにして善ならざる自己自身から向き変わり、「洞窟」を出て、善である太陽のほうに眼差しを向けることができるのであろうか。一般にエゴイズムないし自己愛と呼ばれるものをヴェイユは「遠近法の錯覚」とみなす。すなわち、心情的に遠くにあるものは実在性《リアリティ》が希薄になるのである。それゆえプラトンが述べる「洞窟」とは、実在性《リアリティ》が欠如した世界にほかならない。「中国で十万人の大虐殺が起こっても、自分が知覚している世界の秩序は何の変化もこうむらない。だが一方、隣で仕事をしている人の給料がほんの少し上がり自分の給料が変わらなかったとしたら、世界の秩序は一変してしまうであろう。それを自己愛とは言わない。人間は有限である。だから正しい秩序の観念を、自分の心情の近いところにしか用いられないのである」(八四頁)。

さらにヴェイユは、わたしたちの生を縛る社会という「巨大な動物」(『国家』493a-d)の核に「社会的威信」を見る。「ほぼすべての芸術家や学者は、美と真理の名のもとに社会的威信を探究している」(八六頁)。この「社会的威信」は「力」の九割を構成している。この威信は洞窟の壁に次々と映し出される影にほかならない。だが問題は、この影があたかも実在のようにわたしたちの前に立ちあらわれるということである。「洞窟の比喩でプラトンが力強く描いている実在性の欠如は、事物がないということではない。なぜなら、事物は確かにリアルに存在しているからである。問題なのは、愛の対象となるものがない、ということである」(八五頁)。

それではわたしたちはどのようにしてこの「社会的威信」という影が実在ではないということを認識し、洞窟を出ることができるのであろうか。ここでヴェイユは、キリストの受難に言及する。受難の本質は苦しみではなく、ペテロにまで「あの人(キリスト)のことは知らない」と言わしめた「社会的威信の剝奪」である。さらに「社会的威信の剝奪」には、英雄視される思想犯や政治犯ではなく、窃盗犯や殺人犯のような全的恥辱のうちに置かれる刑罰の苦しみが不可欠である。「社会的威信への参与をすべて真に剝奪されるのは、刑罰の裁きが人を社会から放擲する場合にかぎられる」(八九頁)。

このことは、「正義と認められること」のいっさいが取り除かれ「不正義と認められること」の極限に置かれ、「鞭打たれ、拷問され、縛られ、目を焼かれ、ついには、ありとあらゆる辛酸をなめた末に磔にされる」、「完全なる正義の人」(『国家』361e)へと敷衍される。それでは、このように一切の「社会的威信」を剝奪された「完全なる正義の人」の自由は、いったいどこに見出されるのであろうか。さらに、正義の対極にある「不正義と認められること」に覆われた人をわたしたちはどのようにして「完全なる正義の人」と認識し、この人を正義のモデルとしうるのだろうか。

ヴェイユはこの矛盾を解く鍵を、ふたたび『饗宴』に立ち返り、「ある人がその美をじっと見つめるとき……、ほぼ完全性に到達したことになるでしょう」(『饗宴』211b-c)という記述のうちに見出してゆく。「洞窟の比喩で人は、太陽の直前に月をじっと見つめる。月は太陽の映しでありイメージである。太陽は善なので月が美だと想定するのが自然である。美に到達した人はほぼ完全なものに到達したと述べることでプラトンは、至高の美は神の子であることを示唆している」(一〇二頁)。

自己が自己から完全に向き変わるとは、自己が全き無であることに同意することにほかならない。とはいえこの無をわたしたちは認識しえない。だが、この無の一歩手前の「ほとんど無」は認識しうる。この世に不在としてあらわれる神にもっとも近いキリストはこの「ほとんど無」の状態にある。この「ほとんど無」が美にほかならない。この美の閃光をもって、すなわち、「完全なる正義の人」の内側から美の感情が溢れ出るのと同時に、その人を美しいとわたしたちは感受する。この「完全なる正義の人」とわたしたち双方の美の観照のうちでともに自己離脱が果たされているのであり、ここにおいて、双方の自由が証されるのである。「心底胸を打つ行為を讃えようとするときわたしたちは、『その行為は善い』とは言わず、『その行為は美しい』と言う。そして聖人がわたしたちを惹きつけるのは、わたしたちがそこに美を感じるからである。徳は美しければ美しいほど、わたしたちの心に触れてくる。この美と感覚的な対象としての美との類比は、きわめて神秘的である」（一〇四―一〇五頁）。

『縛られたプロメテウス』註解

こうして導き出された「愛のかたち」は「『縛られたプロメテウス』註解」でふたたび具体的なものに還元される。この註解は、本書全体のいわば転調の役割を果たしている。ここでヴェイユは長い翻訳・引用をしている。彼女自身は沈黙し、プロメテウスに語らせることによって、「完全なる正義の人」はいったいどのような生を余儀なくされ、そしてまたこの人自身の自由はどのようにあらわれるのかを描き出そうとしている。重要なのは、「愛《エロース》は愛されないという考え」（一二〇頁）である。ここでヴェイユはふたたび愛《エロース》とプロメテウスの同一性を強調する。すなわち、愛《エロース》もプロメテウスも何ものからも強制されず、彼らの行為はすべて、自発的な同意によってなされる。

プロメテウスが「吊るされていること」、すなわち、重力に委ねられ、まったき恥辱のうちにあることにヴェイユは着目する。しかもそれは人間に愛を傾けたためであり、プロメテウスは善への欲望ゆえに「不正義と認められること」の極限に置かれている。「人間に自由を授けたプロメテウスは、自分自身を自由にすることができない」（一二四頁）。こうして、「苦しみを通して認識すること」とは一体いかなることであるのかが、イメージのうちに浮き彫りにされてくる。

ピタゴラス派の学説について

以上を踏まえ、シモーヌ・ヴェイユ全作品においてもっとも形而上学性の高い論考「ピタゴラス派の学説について」が展開される。この論考では、題名に端的にあらわされているように、美と不幸に加えて、これ以前には見られなかった科学、わけても数学の視点が導入される。科学、美、不幸は、それぞれ一見したところ異なる位相にある。だがこれらは、「矛盾」が生きられ感じられるという点において一致している――代数学の幾何学への応用において、欲望しながら立ち止まるという感情において、自らが無になることに同意することによってのみ自らが存在するということにおいて。そして、この論考後半では、ほとんど他の哲学者に言及することなく、ヴェイユ自らの思想が彼女自身の言葉をもって十全に展開されている。この論考では、「『ティマイオス』註解」であきらかにされた、目的がないのに目的に適った心の状態があるという美の「目的なき合目的性」がさらに深められるのみならず、対象に興味・関心なく満足するという、美のもうひとつの契機である「関心なき適意」が、鮮烈なイメージによって記述されることになる。このイメージに接するときわたしたちは、「あらゆる学問は、哲学となった後に詩となる」(「一般草稿集(一七九八―九九)」)というノヴァーリスの言葉を思い起こすであろう。この論考は、シモーヌ・ヴェイユの哲学が詩において輝き出すその一点にほかならない。以下、この論考の記述に沿って見てみよう。

*

この論考冒頭では、ギリシア精神史が記述され、霊性に光が当てられる。自らが征服した民族から霊性を授かった民族として「ケルト人、ギリシア人、バビロニア人といった人々」(一三三頁)をヴェイユは挙げている。ここで彼女は、ピタゴラス派の霊性を受け取るためにテクストの内側に沈潜し、洞察力を働かせることを提起する。翻訳・引用されるのは、ピロラオスの断片、プラトン『ゴルギアス』、『ピレボス』、『エピノミス』、『ティマイオス』、『饗宴』の数節、および『新約聖書』「ヨハネによる福音書」の数節、アナクシマンドロスの断片である。

感覚的な事物をわたしたちは容易に把握することができる。だがそれらは不確実なものである。一方、神をわたしたちは把握しえない。だが神は確実なものである。そして数学は、把握しえないが確実である神を把握させるための「媒介」の役割を果たす。この数学の媒介の役割をヴェイユは「詩」と名指している。「ギリシア人がこの詩を直覚してしまったとき、それに陶酔してしまったのであろうことが容易に理解される。ギリシア人は数学のうちに啓示を見る権利を有していたのである」(一五一頁)。

ピタゴラス派の霊性からヴェイユがくみ取った科学の見方は、科学技術に翻弄されている今日のわたしたちに謙虚さを促すであろう。「技術は純粋科学とのかかわりで多くに応用される。だが余剰として応用されるにすぎず、直接は応用しえない。この摂理的な配剤ゆえに、低俗にすぎる物質的なものに終始するわたしたちの文明に、理論的で厳密かつ純粋な科学の核が存続しえたのである」(一五二―一五三頁)。このように、科学とは、なによりもまず、わたしたちは何も創造しえないという必然性の認識をわたしたちに迫るものである。そのため、技術はあくまで余剰としてあり、技術が第一義的に追求されてはならないことを、まさしく科学自身がわたしたちに教える。それゆえにこそ、科学・美・不幸が自然と超自然との交差点となる。ヴェイユはこう続ける。「この核〔科学の核〕は、神の息吹と光が差し込んでくる隙間である。もうひとつの隙間は、芸術における美の探究である。さらにもうひとつの隙間は不幸である。これら隙間から入らなければならない。満ち足りた場所から入ってはならない」(一五三頁)。

この論考では、ピロラオスのふたつの章句「友情は調和からなる平等である」および「離れて思考する者たちに共通する思考」が繰り返し考察される。このふたつの章句にキリスト教の三位一体を重ねて考察することによって、これらの章句が実際にどう生きられ感じられるのか、そのイメージが浮き彫りになる。「相反するもの」の最たるものは、創造者と被造物、すなわち、ピタゴラス派の言語に倣うならば、「限定するもの」と「無限定なるもの」である。この両者はいかにして一致するのであろうか。ここで不幸における愛の働きの表象としての「十字架上のキリスト」が言及される。「〈父〉と、『わが神、なぜわたしをお見捨てになられたのですか』と永遠に響きわたる嘆きを発する〈子〉よりも離れて思考する者同士はありえない。この瞬間は、愛が完全なものとなる瞬間である。この愛はあらゆる認識を超えている」(一五七頁)。

ふたたび科学について。「科学はその成果と実践への応用において自然のうちにあるが、その着想においてはそうではない。というのも、科学においては、芸術におけるのと同じく、あらゆる真の新しさは、天才のなせる業だからである。真の天才とは超自然的なものであり、才能とはまったく相容れないものである」（一六〇頁）。そしてこの「天才」に先述の「『饗宴』註解」における「美への欲望はある一定の強さと純粋さからは天才と同じものである」という言葉を重ね合わせるならば、科学においてこそ倫理の地平がひらかれることが見えてこよう。「グレゴリオ聖歌には、バッハやモーツァルトの音楽よりもいっそう高次の音楽的技巧がある。グレゴリオ聖歌は純粋な技巧であるだけでなく、純粋な愛でもある。科学もまさにこうでなければならない。科学は、芸術と同様、世界の美の確かな映しとならねばならない。実際ギリシアではそうであった。石が彫像の素材であるのと同様に、論証の厳密さは幾何学という技芸の素材である」（一六〇頁）。

この倫理の地平はふたたびピロラオスのもうひとつの章句「似ているもの同士、同じ根をもつもの同士、同じ系列にあるもの同士に調和は必要ではない」において、よりいっそう深く考察されることになる。ここでヴェイユは、「一人称で思考すること」という表現を用いる。この言葉によって「『国家』註解」における「遠近法の錯覚」が捉え直される。そしてすべての人が「一人称で」つまり、「遠近法の錯覚において」思考するならば、トゥキディデスが述べるように、「『強者がすべてをなし、弱者はそれを受け入れる』」（一六三頁）、ということになってしまう。それゆえ、真に実在のうちにあるために、すなわち真に世界と他者と出会うためにこそ、「一人称で思考するのを放棄すること」が不可欠となる。「わたしたちは富や権力や社会的威信を求める。なぜなら、それらはわたしたちの一人称で思考する能力を高めてくれるからである」（一六五頁）。しかしながら「一人称で思考すること」よりもさらに危険でさらに暴力的なのは、「一人称複数で思考すること」である。ここには「媒介」の余地がない。それゆえ自分たちだけであたかも神になることができるという錯覚をわたしたちにもたらす。このことは、政治や宗教においてのみならず、なにより科学において今日わたしたちが痛感するところであろう。「仲間意識や個人的共感であろうと、同じ社会的階層、同じ政治的信念、同じ国家、同じ宗派であろうと、連帯というものほど友情に反するものはない」（一六七頁）。

ここから必然性の認識についての考察がいっそう深められてゆく。「知覚、錯覚、空想、夢、多かれ少なかれ幻覚に近い状態、これらに関する厳密で精緻な分析が示しているものはすべて、実在の世界の知覚は、必然性との接触がなければ、それ自身に似た誤謬と違わないということである（メーヌ・ド・ビラン、ラニョー、アランは、この点に関してもっとも見識があった人々である）」（一六八―一六九頁）。先述のように、「無限定なるもの」であるわたしたちは「限定」を受けることによってのみ存在する。ここで、「ラニョーの立方体の考察」（一六九頁）が言及される。立方体のまわりをめぐるとき、どの視点からもそれが等辺、等角には見えない。だがわたしたちはその物体をただちに立方体だと判断する。それは、現象《あらわれ》に直面していながら、現象《あらわれ》を超えたイメージがわたしたちのうちに宿るからにほかならない。

わたしたちはつねに必然性の奴隷である。それにもかかわらず、この必然性に同意する超自然的な一点がわたしたちすべての人間のうちにはある。「人間には、情け容赦のない力を必然性とみなし、あたかも一枚の絵に眼差しを注ぐように、それをじっと見つめる能力がある。〔…〕奴隷は振りあげられた鞭を目の当たりにして、同意することも拒むこともせず、ただ震えるばかりである。しかし必然性という名のもとでの同意は、まさしくこの情け容赦のない力に対してなされるのである」（一七三―一七四頁）。自然的にはけっして同意しえないこの必然性に、いったいどのようにしてわたしたちは同意しうるのであろうか。それは必然性の背後に必然性をはるかに凌駕するイメージを感受することによってである。それが可能となるのは、必然性のうちに愛の働きを感受し、わたしたちのうちに愛がきざすことによってである。

わたしたちは、愛する人の思い出となる品を愛したり、天才である人の仕事となる芸術作品を愛したりする。宇宙はわたしたちにとってひとつの追憶である。愛するどのような存在にその追憶は向けられているのか。宇宙はひとつの芸術作品である。どのような芸術家がその創作者なのか。わたしたちはこれらの問いに対する答えをもちえない。だが必然性への同意を生み出す愛が自らのうちにきざすならば、答えはある。わたしたちはその証を経験的に有している。というのも、わたしたちは、他者への愛ゆえに必然性に同意するのではないからである。他者への愛は、ある意味ではこの同意の妨げとなる。必然性は、わたしたちのみならず他者をも押しつぶすからである。その同意は何ものかへの愛ゆえになされる。それは、ひとりの人間のペルソナそのものではないが、ひとつのペルソナのようなものである。というのも、ひとつのペルソナのようなものでないものは愛の対象にはならないからである。（一七五頁）

神が悪人にも善人にも平等であるとは、すなわち神が道徳的に無関心であるということを意味する。このことをわたしたちは自然本性的には受け入れられない。だが「世界の秩序」のうちに、「世界の魂」つまり神の愛を感受するとき、すなわち「世界の秩序」が「世界の美」として輝き出すとき、そのときにのみ、わたしたちはこの無関心性に同意しうる。こうして自由は次のように記述されることになる。「わたしたちが自由であるとは、神に従順であらんと欲することにほかならない。それ以外の自由はすべて虚偽である」（一七九頁）。

ところで、必然性が必然性たりうるのは、わたしたちのうちに活き活きとした思考が働き、必然性とわたしたちとのあいだに関係が築かれる場合にかぎられる。それは注意の働きによる。「神は思考することで創造する。だがわたしたちは知的注意を働かせても何も創造しないし、何も生み出さない。だがわたしたちの現場で、言うなれば実在を呼び覚ますのである」（一八一頁）。必然性との関係を把握したからといっても、必然性が織りなす世界は少しも変化しない。変化するのはわたしたちのほうである。いままで拠り所にしていた自己が崩れ去り、自己に代わって実在が立ちあらわれる。だがこの実在はまだ半分の実在である。実在が完全に漲《みなぎ》るのは、「知的注意に承諾、同意、愛というさらにいっそう高度な注意が付け加わる場合である」（一八一頁）。そのときにのみ、自己は自己から完全に離れ、「必然性の無関心性」は「美の無関心性」へと転回するに至る。

必然性を観照しそれを愛するようにさせるもの、それは世界の美である。美がなければ、それは不可能であろう。というのも、同意は魂の超自然的部分に固有の働きであるとはいえ、実のところ、魂の自然的部分と身体の自然的部分とがある程度協働しなければ、成就しえないからである。この協働が漲《みなぎ》ることは、とりもなおさず歓びが漲ることである。その反対に極限の不幸は、少なくとも一時の間、この協働をまったく不可能にしてしまう。しかしキリストの十字架に与るというかぎりなく貴重な特権をもつ人々であっても、歓びを経験したことがなければこの協働を手にすることはできないであろう。キリストは、人間的な苦しみの淵で破滅させられる前に完璧な人間の歓びを知った。そして純粋な歓びとは美の感情にほかならない。

（一八三―一八四頁）

そして、過酷な必然性を美として感受しうるこのわたしたちのうちなる一点を、「あたかも芸術家がひそかに記したサインのようなものである」（一八五頁）とヴェイユは述べる。ここに至って、デカルトがわたしたちのうちなる神性と捉えた「神の観念」は、ヴェイユにおいて「必然性を美として認識すること」ないし「不幸の直中で美的感情が湧出すること」と置き換えられることになる。この認識には、「純粋数学においてもまた、必然性は美によって光り輝いている」（一八五頁）という視点が不可欠である。それゆえヴェイユは、「数学こそが、なによりもまず神自身によって創られた神秘的な詩篇というべきものである」（一八七頁）と述べるのである。こうして、美のもうひとつの契機である「関心なき適意」が十全に展開されることになる。

神は創造した、すなわち、神は自分の外側に何かを生み出したのではない。そうではなく、神は立ち去り、その存在の一部に神でないものが存在することを許したのである。この神の放棄に、創造されたものの放棄、すなわち従順が照応する。宇宙全体は従順がぎっしりと詰まった塊にほかならない。この塊には光り輝く点がちりばめられている。この点のひとつひとつは、神を愛し、神に従順であることに同意する理性的被造物の魂の超自然的な部分である。残りの部分は、密度の高い塊のなかに取り込まれている。理性を授けられてはいるが神を愛さない存在者は、緊密で薄暗い塊の断片にすぎない。それらもまた全体として従順であるにはあるが、落下する石のように従順であるにすぎない。その魂もまた物質、すなわち心的な物質であり、重力のメカニズムと同様に厳密なメカニズムに従っている。自らの自由意志を信じることも含めて、傲慢が生むもろもろの幻想や挑戦、反抗というものはみな、光の反射と同じく厳密に規定された現象にすぎない。こう考えると、生気なき物質と同じく極悪な犯罪者も世界の秩序をなしており、したがって世界の美をなしていることになろう。すべては神に従順であり、したがってすべては完璧に美しい。これを知ること、これを現実のものとして知ること、それは、天にいます〈父〉が完璧であるのと同じく完璧である、ということである。（一八七―一八八頁）

一方、「『ティマイオス』註解」で展開された美の「目的なき合目的性」も、「不幸」の記述が先鋭化されたかたちでその着地点をもつに至る。「ヨブは苦悶の果てに、見かけはともかくも完璧に十分堪え忍ばれた苦悶の果てに、世界の美の啓示を受ける」（一九〇頁）。このときわたしたちは、『旧約聖書』でもっとも美しいとされる「ヨブ記」が、不幸に陥れられたヨブが沈黙と真空のうちに立たされることを描いた書であったことを思い起こすであろう。このヨブの有り様こそが、わたしたちの実在にほかならない。

わたしたちの生の神秘について、次のような記述が見られる。「人間の生には三つの神秘がある。もっとも凡庸な人であれ、だれしもが多少とも知っているものである。そのひとつは美である。もうひとつは世界を認識するに際し理論的必然性を観照するための純粋知性の働きであり、純理論的な諸概念の技術と労働への具現化である。さらにもうひとつは、しばしば硬質で冷酷な人間関係の直中で生じる正義、共苦、感謝の閃光である」（一九一頁）。たとえば学問をする人の知性が研ぎ澄まされればされるほど、その人は自らの無を自覚することになる。しかし、無であるにもかかわらず世界からの光を感受しうるそのことにこそ、自らの内側から歓びが漲ってくる。この感情が美の感情でありなおかつ実在の感情にほかならない。

そしてこの論考の末尾は、ふたたび「沈黙」と「真空」のうちに立つ「十字架上のキリスト」における美の「目的なき合目的性」へと収斂してゆく。「そして、ふたつのものだけが魂にそれを強いる力をもっている。不幸、あるいは美の感情による純粋な歓びがそれである。美こそが、いかなる個別の合目的性ももたず、ただちに合目的性のあらわれを感じさせるがゆえに、この力を有するのだ。不幸とこの上もない純粋な歓び——ただふたつの道であり、等価な道である。だが、不幸がキリストの道となる」（一九四—一九五頁）。

ギリシア科学史素描

この章は、本邦初訳である。ここでヴェイユは、これまで展開してきた、神と人間という「相反するものの一致」をギリシア科学史のうちに跡づけようとしている。

比例中項や関数の概念といった代数学が幾何学に置き換えられることによって、到達しえない神を把握することができる。だからこそギリシア人たちは幾何学に夢中になったのである。タレスは相似三角形を用いて、人の背丈とその影の長さとの関係からピラミッドの高さを計測し、そこから星辰間の距離を割り出した。このことを敷衍するならば、わたしたちはけっして到達しえない天空を把握することができる。他方で、「十字架はキリストの身体と世界が釣り合う天秤である」というカトリックの典礼の章句と、「わたしに支点を与えよ、さらば世界を持ちあげん」というアルキメデスの言葉を、ヴェイユは重ね合わせて考察する。この世界に支点があるかぎり、神は天秤ないし梃子に参与しえない。だが支点がこの世界の外に移されるならば、神は力点に手をかける。「不幸」の直中でけっして同意しえないこの事態に同意しうる「超自然的な一点」がわたしたちのうちにきざすならば、支点は世界の外に移される。それゆえこの支点とは、「受肉」であり、「従順」である。このとき、無限に引き延ばされた距離にある力点に神は手をかけ、作用点であるわたしたちは天空へと持ち上げられる。神がわたしたちに影響を及ぼすのは、このような仕方によってである。

本書でしばしば考察されてきた水というイメージには、タレスもアルキメデスも着目している。そのことをヴェイユはここで捉え直そうとしている。「〔…〕水は完璧な天秤のようである」（二〇四頁）。そしてまたヴェイユは、プラトンの『ティマイオス』に立ち返り、彼が円運動を欲したのは、「一様な円運動だけが神的であり、星辰は、神自らによって刻まれた神のイメージだからである」（二〇三頁）と述べている。

エネルギーは互いに干渉し合い、生成は均衡を破ってゆく。それにもかかわらず生成する宇宙は秩序のうちにある。それは、媒介の働きによって、調和がもたらされるからにほかならない。「空気と水は、火——光でもありエネルギーでもある——と土との、ふたつの比例中項である」（二〇五頁）。この言葉は、今日わたしたちに重く響くであろう。媒介なくして、光のエネルギーを地上にとり入れることはできない。直接的に取り入れたエネルギーはわたしたちの均衡を破壊してしまうのである。

＊

本書は、学位論文「デカルトにおける科学と知覚」以降に書かれた、戦争や革命あるいは労働問題をめぐるヴェイユの論考が、読者それぞれの現場でどのように生きられ感じられるのかを示しうる一冊である。ここに、わたしたちは形而上学の力動性と流動性を見ることができよう。とりわけ、東日本大震災以後を生きるわたしたちにとって、たとえば原子力のはらむさまざまな問題は、〈いま、ここ〉で、すなわち、自らの職場、学校、家族や交友関係において、どのような相貌をしているのかという類比を可能にする。

科学技術には、わたしたちの思考を停止させる、つまり、わたしたちからイメージする力を剝奪する魔力がある。なぜこのようなことが起こってしまうのであろうか。それは、長くて一〇〇年あまりしか生きえないわたしたちの欲望を、科学技術が偽りの無限へといざなうからにほかならない。それは同時に、ヴェイユがその思想の核心で批判する、「人をモノとして扱うことでその人自身がモノとなる」という事態である。すなわち、人間を人間とみなさず、モノとみなすその人自身が、なによりもまず自分自身の生の実在性を失い、洞窟のなかで壁につぎつぎと映し出される影を見て一生を終えることになる。そしてこの実在性の欠如した生そのものが、他者に対してきわめて暴力的なものとして働くということである。このことをわたしたちは今日ほど痛感することはないであろう。

ヴェイユが述べるように、太陽エネルギーをつなぎとめることができるのは葉緑素だけである。葉緑素は太陽エネルギーを全き受動性において受け止めて、はじめてうちなる生のエネルギーを生み出す。だがこの太陽エネルギーを能動的に取り込みそれを使用しうると錯覚したのが、核エネルギーの技術への応用にほかならない。核エネルギーの発見に天才の着想が不可欠であったことは言うまでもない。だがこの核エネルギーの技術への応用は人間のなしうることではない。

わたしたちはふたたび、「あらゆる欲望は、善と幸福への欲望である」（『饗宴』205d）というプラトンの言葉に立ち帰らざるをえないであろう。善であると認められてきたものは「社会的威信」ではなかったか。そして「社会的威信」に取り込まれ「力」に依拠した生のなかで、なによりもまずわたしたちはわたしたち自身の生を愛するということを止めてしまったのではなかったか。

本書で展開される必然性の認識は、今日きわめて重要であると言えよう。被災した生者・死者の悲痛な思い、そして放射能がわたしたちの身体に及ぼす影響、そうした必然性に対して、わたしたちになしうることはきわめて限られている。だが、必然性を必然性として認識することでわたしたちは自由でありうる。そこにこそ思考の力があるのだ。

訳者あとがき

哲学者の廣松渉が、三〇年間、毎夏、カントの『純粋理性批判』を読み返していたというエピソードはよく知られている。わたしにとって、毎夏、いな三六五日立ち返る一冊は本書である。立ち返るたびに新たな発見がある。読む人の三六五日それぞれの風景が映し出される——そんな一冊である。

いまから一四年前、本書一冊のみから、修士論文「シモーヌ・ヴェイユにおける必然性の問題——『前キリスト教的直観』をめぐって」を書きあげた。核心に迫ろうと思えば思うほど遠心力で振り落とされてしまう、そしてまた立ち上がる、その繰り返しのなかで、息もできないような苦しさの直中でようやく言葉を見出した最初の論文である。指導教官の佐藤康邦先生が、倫理学の演習でカントの『判断力批判』を取り上げてくださっていた。そのことが、美と芸術において倫理を探究するという今日のわたしの姿勢を決定的に方向づけている。誰かから何かを教わるということがひどく苦手な自分にとって、この演習だけは楽しみのひとつであった。表の顔はヘーゲル研究者、そして裏の顔はご自身も絵を描かれる美術への深い造詣に根ざす先生の、香気漂うような演習の空間が好きだった。カントが開示した「目的なき合目的性」、「関心なき適意」を、ヴェイユであったらどのように見ていたと捉えられるのか

——その視点をもったとき、ようやく本書の全景が心に映し出されてきた。

長谷正當先生のご論文「シモーヌ・ヴェイユに於ける必然性と虚無（真空）の観念」とミクロス・ヴェトー先生のご著書『シモーヌ・ヴェイユの哲学——その形而上学的転回』は、擦り切れてボロボロになるまで読んだ。表立っては論じられていないものの、本書に魅せられた者のみに聞こえる通奏低音が、この両者には流れていた。後になって、京都へ、そしてフランス・ポワチエへと彼らを訪ねてゆくことになるのだが、それは同時に、本書に魅せられた魂に出会うための旅でもあった。

けっして美文とはいえない修士論文の核心を、鵜飼哲先生が、的確に見抜いてくださった。知性は歓びのなかでのみ開花するというヴェイユの言葉を、わたしははじめて生きたと思う。現代思想について語る先生ではなく、ただひとりの作家ジャン・ジュネについて語る先生に、わたしは心が震える。ジュネについて語る先生がもっとも鋭利で、またもっとも恐いとも思う。たった一歳違いのヴェイユとジュネには——一方は聖女、他方は泥棒というように——そのあらわれとしては共通点はどこにも見当たらない。しかし、悪のただなかの善、醜悪さのただなかの美というこの一点への彼らの眼差しは、凛としてけっしてぶれることがない。そして人を本当に救えるのは、この眼差しだけだと思う。

本書には、「ギリシア科学史素描」を除いて、『シモーヌ・ヴェーユ著作集Ⅱ』（春秋社、一九六八年）所収の、中田光雄氏による先行訳がある。まだフランス語があまり読めなかった頃、この訳を頼りに、ああでもない、こうでもないと、図や絵を書きながら読んでいたことが懐かしく思い出される。中田氏が驚くべき若さで、きわめて短期間で、的確にこの翻訳をなされていることを銘記しておきたい。

下訳の段階でプラトン研究者の荻原理先生に目を通していただき、真率なご意見をいただいている。初校の段階で、友人でプロティノス研究者の金澤修氏に全文を見ていただき、細部に至るまで的確なアドバイスをいただいている。ギリシア哲学研究者という人々は、わたしの好きな人々である。学生の頃、ひとりだけシモーヌ・ヴェイユ研究という肩書きで、足しげくギリシア哲学研究会に通っていた。異端的な立場からそっとギリシアの世界を覗く、そのやわらかな光が愛しかった。

本書のような草稿段階のものがこのような美しいかたちで誕生することができたのは、郷間雅俊氏の目の覚めるような編集あってのことである。いつも彼の明晰さ、聡明さにただただ圧倒され、自分の非力を恥じるばかりであった。再校の段階で、畏友・奥村大介氏に全文目を通していただき各所に鋭い指摘をいただいている。学問への情熱には、世界の醜悪さを捨象しうる力がある。そのことを、この若い友の生きざまから日々教えられている。

ここにお名前を記していない多くの方々にも、下訳の段階で読書会に参与していただくなど、有形無形に本書の誕生に関わってくださっている。そのめくるめくような記憶の風景に、弱さの力を感受する。心より感謝申し上げたい。

二〇一一年九月

今村　純子

著　者

シモーヌ・ヴェイユ（Simone Weil）

1909年，パリに生まれ，43年，英・アシュフォードで没する。ユダヤ系フランス人の哲学者・神秘家。アランに学び，高等師範学校卒業後，高等学校（リセ）の哲学教師として働く一方，労働運動に深く関与しその省察を著す。二度転任。34–35年，「個人的な研究休暇」と称した一女工として工場で働く「工場生活の経験」をする。三度目の転任。36年，スペイン市民戦争に参加し炊事場で火傷を負う。40–42年，マルセイユ滞在中に夥しい草稿を著す。42年，家族とともにニューヨークに渡るものの単独でロンドンに潜航。43年，「自由フランス」のための文書『根をもつこと』を執筆中に自室で倒れ，肺結核を併発。サナトリウムに入院するも十分な栄養をとらずに死去。47年，ギュスターヴ・ティボンによって11冊のノートから編纂された『重力と恩寵』がベストセラーになる。ヴェイユの魂に心酔したアルベール・カミュの編集により，49年からガリマール社の希望叢書として次々に著作が出版される。

訳　者

今村純子（いまむら・じゅんこ）

1967年，東京に生まれる。シモーヌ・ヴェイユのイメージ思考を軸に，美学・倫理学・表象文化論など領域横断的な活動をしている。現在，女子美術大学・武蔵野美術大学・慶應義塾大学・筑波大学非常勤講師および一橋大学大学院言語社会研究科特別研究員。1998年，東京大学大学院人文社会系研究科博士前期課程修了。2003年，京都大学大学院文学研究科博士後期課程単位取得。哲学DEA（ポワチエ大学），学術博士（一橋大学）。第15回比較思想学会研究奨励賞受賞（06年）。著書に『シモーヌ・ヴェイユの詩学』（慶應義塾大学出版会，2010年），訳書にミクロス・ヴェトー著『シモーヌ・ヴェイユの哲学――その形而上学的転回』（慶應義塾大学出版会，2006年），編著に『現代詩手帖特集版　シモーヌ・ヴェイユ』（思潮社，近刊）などがある。

《叢書・ウニベルシタス　964》
前キリスト教的直観　甦るギリシア

2011年10月20日　初版第1刷発行
2012年 4月 6日　　　　第2刷発行

シモーヌ・ヴェイユ
今村純子 訳
発行所　財団法人　法政大学出版局
〒102-0073 東京都千代田区九段北3-2-7
電話03(5214)5540 振替00160-6-95814
組版: HUP　印刷: 三和印刷　製本: ベル製本

Printed in Japan

ISBN978-4-588-00964-8

人名・神名索引

ナ 行

ハ 行

マ 行

ヤ 行

ラ 行

事項索引

カ 行

サ 行

タ 行

ナ 行

ハ 行

マ 行

ヤ 行

ラ 行

ワ行

シモーヌ・ヴェイユ略年譜

＊文献の略号については「主要文献目録」を参照。

1909年2月3日（0歳） パリに生まれる。

1925〜28年（16〜19歳） 高等師範学校受験準備。アランの学生。「美と善」（OCI 60-79）。

1928〜31年（19〜22歳） 高等師範学校とソルボンヌ。アランの講義に出席し続ける。最初の出版「知覚あるいはプロテウスの冒険について」（OCI 121-139）。

1931年7月（22歳） アグレガシオン（中・高等教育教授資格）取得。

1931〜32年（22〜23歳） ル・ピュイ高等学校教授。労働組合運動にはじめて接触する。

1932年夏（23歳） ドイツ旅行。

1932〜33年（23〜24歳） オセール高等学校教授。労働組合運動。

1933年7月（24歳） C.G.T.U.会議。ドイツ共産党とソビエト連邦を手厳しく批判する。「わたしたちはプロレタリア革命に向かっているのか」（OCII-1 260-281/ OL 9-38）。

1933年〜34年（24〜25歳） ロアンヌ高等学校教授。サン＝テチエンヌで労働組合活動をする。「自由と社会的抑圧の諸原因についての考察」（OCII-2 27-109/ OL 55-162）。

1934年12月4日〜35年8月22日（25〜26歳） いくつかの工場で働く。「工場日記」（OCII-2 171-282/ CO 35-107）。

1935年9月（26歳） ポルトガルの小さな漁村で休暇を過す。「奴隷の宗教としてのキリスト教」を体験する。

1935年〜36年（26〜27歳） ブールジュ高等学校教授。「工場長への手紙」（CO 125-159）。

1936年8〜9月（27歳） バルセロナ。後にドゥルティの無政府主義者たちと共にアラゴンの前線。

1936〜37年（27〜28歳） 健康上の理由で一年間の休暇をとる。『ヌーヴォー・カイエ』のサークルの諸集会に参加しはじめる（〜1940年）。「トロイ戦争を繰り返すまい」（OCII-3 49-66/ EHP 256-272）。

1937年春（28歳） イタリア旅行。アッシジのサンタ・マリア・デリ・アンジェリで宗教的体験をする。「ある女学生への5通の手紙」。

1937年10月〜38年1月（28歳） サン・カンタン高等学校教授。

1938年1月〜（28歳） 健康上の理由で休暇。

1938年（29歳） 復活祭直前の枝の祝日の日曜日から復活祭の金曜日までソレムで過す。

1938年6〜7月（29歳） ヴェネチアとアソロに滞在。

1938年秋（29歳） はじめてキリスト体験をする。

1939年春（30歳） 頭痛が小康状態を保つ。「野蛮についての考察」（OCII-3 99-116/ EHP 11-60），「ヒトラー主義の諸起源についての考察」（OCII-3 168-219/ EHP 11-60），「『イーリアス』あるいは力の詩篇」（OCII-3 227-253/ SG 11-42）。

1940年6月（31歳） パリを離れる。

1940年7月ないし8月〜10月（31歳） ヴィシー。「救われたヴェネチア」の初版。『カイエ』。

1940年10月〜42年5月（31〜33歳） マルセイユ。「プラトンにおける神」（OCIV-2 73-130/ SG 67-126）。

1940年秋〜冬（31歳） 『南方手帳』のグループと接触する。

1941年3月30日（32歳） 「キリスト教労働青年」の会合に出席する。「奴隷的でない労働の第一条件」（OCIV-1 418-430/ CO 261-273）。

1941年6月（32歳） J. M. ペラン神父と出会う。

1941年8月7日〜10月（32歳） ギュスターヴ・ティボンの農場で働く。後に別の農場で葡萄摘みをする。「主の祈りについて」（OCIV-1 337-345/ AD 167-228）。

1941〜42年冬（32〜33歳） ペラン神父とそのサークルの諸会合。「ペラン神父とギュスターヴ・ティボンへの手紙」，「神への愛のために学業を善用することについての考察」（OCIV-1 255-262/ AD 71-80），「神への愛と不幸」（OCIV-1 346-374/ AD 81-98），「神への愛の暗々裡の諸形態」（OCIV-1 285-336/ AD 99-214），「神の愛についての雑感」（OCIV-1 280-284/ PS 13-20），『前キリスト教的直観』（OCIV-2 147-300/ IP 9-171）。

1942年復活祭（33歳） カルカソンヌでジョー・ブスケに出会う。「ジョー・ブスケへの手紙」（PS 73-84）。

1942年3月14日（33歳） 北アメリカに向けて出発する。17日間カサブランカに滞在する。「ペラン神父とギュスターヴ・ティボンへの手紙」，「アメリカノート」（OCVI-4 120-356/ CS 11-302）。

1942年6月末〜11月10日（33歳） ニューヨーク。『ある修道士への手紙』。

1942年11月～1943年4月（33～34歳）「自由フランス」のためにロンドンで働く。4月15日，ロンドンのミドルセックス病院に入院する。8月17日，ケント州，アシュフォードのグロスベノール・サナトリウムに移される。『根をもつこと』，「ロンドンで書かれたノート」（OCVI-4 357-396/ CS 305-337），「秘蹟の理論」（PS 134-153），『ロンドン論集とさいごの手紙』（EL 185-201は除く）。

1943年8月24日（34歳） アシュフォードに没する。

主要文献一覧

＊文献の略号は太字のアルファベットで示した。

1　シモーヌ・ヴェイユの著作

(1) 全集

Œuvres complètes de Simone Weil（**OC**：『シモーヌ・ヴェイユ全集』）

——*Premiers écrits philosophiques*, Paris, Gallimard, 1988.（**OCI**：『第1巻　初期哲学論文集』）

——*Écrits historiques et politiques. L'Engagement syndical (1927-juillet 1934)*, Paris, Gallimard, 1989.（**OCII-1**：『第2巻1　歴史・政治論文集Ⅰ——労働組合へのアンガージュマン』）

——*Écrits historiques et politiques. L'Expérience ouvrière et l'adieu à la révolution (juillet 1934-juin 1937)*, Paris, Gallimard, 1989.（**OCII-2**：『第2巻2　歴史・政治論文集Ⅱ——工場経験と革命との決別』）

——*Écrits historiques et politiques. Vers la guerre (1937-1940)*, Paris, Gallimard, 1989.（**OCII-3**：『第2巻3　歴史・政治論文集Ⅲ——戦争へ』）

——*Écrits de Marseille. Philosophie, Science, Religion, Questions politiques et socials (1940-1942)*, Paris, Gallimard, 2008.（**OCIV-1**：『第4巻1　マルセイユ論文集——哲学，科学，宗教，政治的・社会的問い』）

——*Écrits de Marseille. Grèce-Inde-Occitanie (1941-1942)*, Paris, Gallimard, 2009.（**OCIV-2**：『第4巻2　マルセイユ論文集——ギリシア・インド・オック』）

——*Cahiers 1 (1933-septembre 1941)*, Paris, Gallimard, 1994.（**OCVI-1**：『第6巻1　カイエ1』）

——*Cahiers 2 (septembre 1941-février 1942)*, Paris, Gallimard, 1997.（**OCVI-2**：『第6巻2　カイエ2』）

——*Cahiers 3 (février 1942-juin 1942)*, Paris, Gallimard, 2002.（**OCVI-3**：『第6巻3　カイエ3』）

——*Cahiers 4 (juillet 1942-juillet 1943)*, Paris, Gallimard, 2006.（**OCVI-4**：『第6巻4　カイエ4』）

(2) 単行本

Attente de Dieu (**AD**), Paris, La Colombe, 1950, Fayard, 1966.　田辺保・杉山毅訳『神を待ち望む』勁草書房，1967 年。渡辺秀訳「神を待ちのぞむ」『シモーヌ・ヴェイユ著作集 4』所収，春秋社，1967 年。

Cahiers I (**CI**), Paris, Plon, 1951, 2e éd. 1970.　山崎庸一郎・原田佳彦訳『カイエ 1』みすず書房，1998 年（第 2 版からの翻訳）。

Cahiers II (**CII**), Paris, Plon, 1953, 2e éd. 1972.　田辺保・川口光治訳『カイエ 2』みすず書房，1993 年（第 2 版からの翻訳）。

Cahiers III (**CIII**), Paris, Plon, 1956, 2e éd. 1974.　冨原眞弓訳『カイエ 3』みすず書房，1995 年（第 2 版からの翻訳）。

La Condition Ouvrière (**CO**), Paris, Gallimard, coll. espoir, 1949, coll. idées, 1949, folio, 2002.　黒木義典・田辺保訳『労働と人生についての省察』勁草書房，1967 年。抄訳：橋本一明・根本長兵衛訳『シモーヌ・ヴェーユ著作集 I』所収，春秋社，1968 年。抄訳：田辺保訳『工場日記』講談社文庫，1972 年／講談社学術文庫，1986 年。

La Connaissance Surnaturelle (**CS**), Paris, Gallimard, coll. espoir, 1950.　田辺保訳『超自然的認識』勁草書房，1976 年。冨原眞弓訳『カイエ 4』みすず書房，1992 年（マニュスクリプトからの翻訳）。

L'Enracinement (**E**), Paris, Gallimard, coll. espoir, 1951, coll. idées, 1951, coll. folio, 1990.　山崎庸一郎訳「根をもつこと」『シモーヌ・ヴェーユ著作集V』春秋社，1967 年。冨原眞弓訳『根をもつこと』上・下，岩波文庫，2010 年。

Écrits Historiques et Politiques (**EHP**), Paris, Gallimard, coll. espoir, 1960.　抄訳：伊藤晃・橋本一明訳『シモーヌ・ヴェーユ著作集 I』，花輪莞爾・松崎芳隆訳『シモーヌ・ヴェーユ著作集 II』春秋社，1968 年。

Écrits de Londres et Dernières Lettres (**EL**), Paris, Gallimard, coll. espoir, 1957.　田辺保・杉山毅訳『ロンドン論集とさいごの手紙』勁草書房，1969 年。抄訳：中田光雄・山崎庸一郎訳『シモーヌ・ヴェーユ著作集 II』春秋社，1958 年。

Intuitions Pré-chrétiennes (**IP**), Paris, La Colombe, 1951, Fayard, 1985.　抄訳：中田光雄訳「神の降臨」『シモーヌ・ヴェーユ著作集 II』所収，春秋社。今村純子訳『前キリスト教的直観』（本書）。

Leçons de philosophie de Simone Weil, Paris, Plon, 1959, UGE, coll., 1970, 2e éd. 1989.　渡辺一民・川村孝則訳『ヴェーユの哲学講義』ちくま学芸文庫，1996 年。

Lettre à un Religieux, Paris, Gallimard, coll. espoir, 1951.　大木健訳「ある修道者への手紙」『シモーヌ・ヴェーユ著作集IV』所収，春秋社，1967 年。

Oppression et Liberté（**OL**）, Paris, Gallimard, coll. espoir, 1955.　石川湧訳『抑圧と自由』東京創元社，1965年。抄訳：冨原眞弓訳『自由と社会的抑圧』岩波文庫，2005年。

Poèmes suivis de Venise sauvée, Lettre de Paul Valéry（**P**）, Paris, Gallimard, coll. espoir, 1968.　小海永二訳『シモーヌ・ヴェイユ詩集　付・戯曲 救われたヴェネチア』1976年。抄訳：渡辺一民訳「救われたヴェネチア」『シモーヌ・ヴェーユ著作集 Ⅲ』所収，春秋社，1968年。

La Pesanteur et la Grâce, Paris, Plon, 1947, Presses Pocket, coll. Agora, 1947.　田辺保訳『重力と恩寵』ちくま学芸文庫，1995年。渡辺義愛訳「重力と恩寵」『シモーヌ・ヴェーユ著作集Ⅲ』所収，春秋社，1968年。

Pensées sans ordre concernant l'Amour de Dieu（**PS**）, Paris, Gallimard, 1962.　渡辺秀訳「神への愛についての雑感」『現代キリスト教叢書6』所収，白水社，1973年。

Sur la Science, Paris, Gallimard, 1966.　福居純・中田光雄訳『科学について』みすず書房，1976年。

La Source Grecque（**SG**）, Paris, Gallimard, 1963.　冨原眞弓訳『ギリシャの泉』みすず書房，1988年。

（3）選集

Œuvres de Simone Weil, Paris, Gallimard, coll. Quanto, 1999.

2　ヴェイユについての著作（外国語文献に関しては翻訳があるもののみ掲載）

Jacques CABAUD, *L'expérience vécue de Simone Weil*, Paris, Plon, 1954.　ジャック・カボー，山崎庸一郎・中條忍訳『シモーヌ・ヴェイユ伝』みすず書房，1974年。

—— *Simone Weil à New-York et à Londres, 1942-43*, Paris, Plon, 1967.　ジャック・カボー，山崎庸一郎訳『シモーヌ・ヴェイユ最後の日々』みすず書房，1978年。

Robert COLES, *Simone Weil, A Modern Pilgrimage*, Boston, Addison-Wesley, 1987.　ロバート・コールズ，福井美津子訳『シモーヌ・ヴェイユ入門』平凡社ライブラリー，1997年。

Sylvie COURTINE-DENAMY, *Trois femmes dans de sombres temps. Edith Stein, Hannah Arendt, Simone Weil*, Paris, Albin Michel, 1997.　シルヴィ・クルティーヌ＝ドゥナミ著，庭田茂吉・沼田千恵・冨岡基子・西田充穂・服部敬弘訳『暗い時代の三人の女性——エディット・シュタイン，ハンナ・アーレント，

シモーヌ・ヴェイユ』晃洋書房，2010 年。

クロード・ダルヴィ，稲葉延子編訳『シモーヌ・ヴェーユ——その劇的生涯』春秋社，1991 年。

Marie-Madeleine DAVY, *Introduction au message de Simone Weil*, Paris, Plon, coll. L'Epi, 1954.　M.-M. ダヴィ，田辺保訳『シモーヌ・ヴェイユ入門』勁草書房，1968 年。

—— *Simone Weil*, Éditions Universitaires, Paris, 1956.　M.-M. ダヴィ，山崎庸一郎訳『シモーヌ・ヴェイユの世界』晶文社，1968 年。

Gabriella FIORI, *Simone Weil, une femme absolue*, Paris, Éditions du Félin, 1987.　ガブリエッラ・フィオーリ，福井美津子訳『シモーヌ・ヴェイユ——ひかりを手にいれた女性』平凡社，1994 年。

Francine du Plessix GRAY, *Simone Weil*, New York, Viking Press, 2001.　フランシーヌ・デュ・プレシックス・グレイ，上野直子訳『シモーヌ・ヴェイユ』岩波書店（ペンギン評伝叢書），2009 年。

今村純子『シモーヌ・ヴェイユの詩学』慶應義塾大学出版会，2010 年。

片岡美智『シモーヌ・ヴェイユ——真理への献身』講談社，1972 年。

河野信子『シモーヌ・ヴェイユと現代——究極の対原理』大和書房，1976 年。

村上吉男『シモーヌ・ヴェーユ研究』白馬書房，1980 年。

大木健『シモーヌ・ヴェイユの生涯』勁草書房，1964 年。

——『シモーヌ・ヴェイユの不幸論』勁草書房，1969 年。

——『カルカソンヌの一夜——ヴェイユとブスケ』朝日出版社，1989 年。

Père Joseph-Marie PERRIN et Gustave THIBON, *Simone Weil telle que nous l'avons connue*, 2e édition, Paris, Fayard, 1967.　J.-M ペラン＆ G. ティボン，田辺保訳『回想のシモーヌ・ヴェイユ』朝日出版社，1975 年。

Simone PÉTREMENT, *La Vie de Simone Weil*, Paris, Fayard, 1973, 2e édition, 1997.　杉山毅訳『詳伝シモーヌ・ヴェイユⅠ』勁草書房，1978 年。田辺保訳『詳伝シモーヌ・ヴェイユⅡ』勁草書房，1978 年（第 1 版からの翻訳）。

Richard REES, *Brave Men: A study of D. H. Lawrence and Simone Weil*, London, Victor Gollancz, 1958.　リチャード・リース，川成洋・並木慎一訳『二〇世紀を超えて——D. H. ロレンスとシモーヌ・ヴェーユ』白馬書房，1986 年。

—— *Simone Weil, A Sketch for a Portrait*, Carbondale, Southern Illinois University Press, 1966.　リチャード・リース，山崎庸一郎訳『シモーヌ・ヴェーユ——ある肖像の素描』筑摩叢書，1972 年。

田辺保『シモーヌ・ヴェイユ——その極限の愛の思想』講談社現代新書，1968 年。

——『奴隷の宗教　シモーヌ・ヴェイユとキリスト教』新教出版社，1970 年。

——『さいごのシモーヌ・ヴェイユ』御茶の水書房，1984 年。

冨原眞弓『ヴェーユ』清水書院〈Century books 人と思想 107〉，1992 年。

——『シモーヌ・ヴェイユ——力の寓話』青土社，2000 年。

——『シモーヌ・ヴェイユ』岩波書店，2000 年。

宇田達夫『シモーヌ・ヴェイユの死と信仰』教文館，1978 年
Miklos VETÖ, *La métaphysique religieuse de Simone Weil*, Paris, Vrin, 1971, 2e édition, Paris, L'Harmattan, 1998. ミクロス・ヴェトー，今村純子訳『シモーヌ・ヴェイユの哲学——その形而上学的転回』慶應義塾大学出版会，2006 年。

吉本隆明『甦るヴェイユ』JICC 出版局，1992 年，洋泉社 MC 新書，2006 年。

Sylvie WEIL, *Chez les Weil: André et Simone*, Paris, Buchet/Chastel, 2009. シルヴィ・ヴェイユ，稲葉延子訳『アンドレとシモーヌ——ヴェイユ家の物語』春秋社，2011 年。

補 遺

＊以下の原文は本書の 135-137 頁の引用に対応している。

ピロラオス（Stob, Ecl., I, 21, 7 a に引用）

44 B2

ʼΑνάγκα τὰ ἐόντα εἶμεν πάντα ἢ περαίνοντα ἢ ἄπειρα ἢ περαίνοντά τε καὶ ἄπειρα, ἄπειρα δὲ μόνον 〈ἢ περαίνοντα μόνον〉 οὔ κα εἴη. Ἐπεὶ τοίνον φαίνεται οὔτʼ ἐκ περαινόντων πάντων ἐόντα οὔτʼἐξ ἀπείρων τάντων, δῆλον τʼ ἆρα ὅτι ἐκ περαινοντων τε καὶ ἀπείρων ὅ τε κόσμος καὶ τὰ ἐν αὐτῷ συναρμόχθη —— δηλοῖ δὲ καὶ τὰ ἐν τοῖς ἔργοις —— τὰ μὲν γὰρ αὐτῶν ἐκ περαινόντων περαίνοντι, τὰ δʼἐκ περαινόντων τε καὶ ἀπείρων περαίνοντι, τε καὶ οὐ περαίνοντι, τὰ δʼἐξ ἀπείρων ἄπειρα φανέοντα.

44 B3

ἀρχὰν γὰρ οὐδὲ τὸ γνωσούμενον ἐσσεῖται πάυτων ἀπείρων ἐόντων.

44 B4

καὶ πάντα γε μὴν τὰ γιγνωσκόμενα ἀριθμὸν ἔχοντι ·οὐ γὰρ οἷόν τε οὐδὲν οὔτε νοηθῆμεν οὔτε γνωσθῆμεν ἄνευ τούτου.

44 B8

ἡ μὲν μονὰς ὡς ἂν ἀρχὴ οὖσα πάντων.

（Stob, Ecl., I, 21, 8.）

44 B7

τὸ πρῶτον ἁρμοσθέν, τὸ ἕν, ἐν τῷ μέσῳ τᾶς σφαίρας ἑστία καλεῖται.

44 B11

ψεῦδος δὲ οὐδὲν δέχεται ἁ τῶ ἀριθμῶ φύσις, οὐδὲ ἁρμονία' οὖ γὰρ οἰκεῖον αὐτοῖς ἐστι. Τᾶς τῶ ἀπείρω καὶ ἀνοήτω καὶ ἀλόγω φύσιος τὸ ψεῦδος καὶ ὁ φθάνος ἐστί.

ψεῦδος δὲ οὐδαμῶς ἐς ἀριθμὸν ἐπιπνεῖ πολέμιον γὰρ καὶ ἐχθρὸν τᾶι φύσει τὸ ψεῦδος, ἁ δ'ἀλήθεια οἰκεῖον καὶ σύμφυτον τᾶι τῶ ἀριθμῶ γενεᾶι ── γνωμικὰ γὰρ ἁ φύσις ἁ τῶ ἀριθμῶ καὶ ἡγεμονικὰ καὶ διδασκαλικὰ τω ἀπορουμενω παντὸς καὶ ἀγνοουμένω παντί ── οὐ γὰρ ἦς δῆλον οὐδενὶ οὐδὲν τῶν πραγμάτων οὔτε αὐτῶν ποθ'αὑτὰ οὔτε ἄλλω πρὸς ἄλλο, εἰ μὴ ἦς ἀριθμὸς καὶ ἁ τούτω οὐσία ── νῦν δὲ οὗτος καττὰν ψυχὰν ἁρμόζων αἰσθήσει πάντα γνωστὰ καὶ ποτάγορα ἀλλάλοις κατὰ γνώμονος φύσιν ἀπεργάζεται σωματῶν καὶ σχίζων τοὺς λόγους χωρὶς ἑκάστους τῶν πραγμάτων τῶν τε ἀπείρων καὶ τῶν περᾳινόντων.

44 B6

περὶ δὲ φύσιος καὶ ἁρμονίας ὧδε ἔχει ── ἁ μὲν ἐστὼ τῶν πραγμάτων ἀίδιος ἔσσα καὶ αὐτὰ μὲν ἁ φύσις θείαν γα καὶ ούκ ἀνθρωπίνην ἐνδέχεται γνῶσιν πλέον γα ἢ ὅτι οὐχ οἷόν τ'ἦν οὐθὲν τῶν ἐόντων καὶ γιγνωσκόμενον ὑφ' ἁμῶν γα γένεσθαι μὴ ὑπαρχούσας τᾶς ἐστοῦς τῶν πραγμάτπν, ἐξ ὧν συνέστα ὁ κόσμος, καὶ τῶν περαινόντων καὶ τῶν ἀπείρων ── ἐπεὶ δὲ ταὶ ἀρχαὶ ὑπᾶρχον οὐχ ὁμοῖαι οὐδ'ὁμόφυλοι ἔσσαι, ἤδη ἀδύνατον ἦς κα αὐταῖς κοσμηθῆναι, εἰ μὴ ἁρμονία ἐπεγένετο ᾧτινιῶν ἅδε τρόπωι ἐγένετο ── τὰ μὲν ὦν ὁμοῖα καὶ ὁμόφυλα ἁρμονίας οὐδὲν ἐπεδέοντο, τὰ δὲ ἀνόμοια μηδὲ ὁμόφυλα μηδὲ ἰσοταγῆ ἀνάγκα τᾶι τοιαύται ἁρμονίαι συγκεκλεῖσθαι, οἵαι μέλλοντι ἐν κόσμῳ κατέχεσθαι.

44 B10

── ἔστι γὰρ ἁρμονία πολυμιγέων ἕνωσις καὶ δίχα φρονεόντων συμφρόνησις.

H. Diels, *Die Fragmente der Vorsokratiker.*
〔凡例のとおり，原書はヴェイユの使用した第 4 版に依拠しているが、ここでは第 6 版の編集番号に依拠した〕